新时代新父母教育丛书

学做新父母

家庭教育理论与方法

● 主　编　**党波涛**
副主编　**谢春林　郑志雄**

WUHAN UNIVERSITY PRESS
武汉大学出版社

图书在版编目(CIP)数据

学做新父母:家庭教育理论与方法/党波涛主编.—武汉:武汉大学
出版社,2022.9(2024.12 重印)
新时代新父母教育丛书
ISBN 978-7-307-23217-4

I.学⋯ II.党⋯ III.家庭教育促进法—中国—手册 IV.D922.16-62

中国版本图书馆 CIP 数据核字(2022)第 132830 号

责任编辑:郭 静 责任校对:汪欣怡 版式设计:马 佳

出版发行:**武汉大学出版社** (430072 武昌 珞珈山)
(电子邮箱:cbs22@whu.edu.cn 网址:www.wdp.com.cn)
印刷:湖北云景数字印刷有限公司
开本:720×1000 1/16 印张:12.25 字数:180 千字 插页:1
版次:2022 年 9 月第 1 版 2024 年 12 月第 2 次印刷
ISBN 978-7-307-23217-4 定价:40.00 元

目 录

绪　　论

近年来，家庭教育因其在积累人力资本、提升国家竞争力等方面不可替代的作用开始走进国家政策的视野。2021 年 3 月中共中央党史和文献研究院编辑的《习近平关于注重家庭家教家风建设论述摘编》一书由中央文献出版社出版，在全国发行。《习近平关于注重家庭家教家风建设论述摘编》收录了习近平总书记关于家庭家教家风建设的一系列重要论述，为我们深刻把握家庭家教家风建设的丰富内涵和目标任务，进而推动新时代家庭文明建设、弘扬社会主义家庭文明新风尚提供了根本遵循。

首先，家庭教育是家庭精神内核的具体体现。习近平总书记指出，"孩子们从牙牙学语起就开始接受家教，有什么样的家教，就有什么样的人"。可见，家庭在个体进行"社会人"角色转换的过程中，在为社会培养合格公民的问题上，起到了基础性甚至决定性作用。

其次，家庭教育是孩子的第一课堂。教育发端于家庭之中，家庭教育承担着启蒙养正、明理成人的重担。父母则是挑起这一重担的第一责任人，也是孩子的第一任老师。中华民族历来重视家庭教育，至今流传着"爱子之道在于教，教子之道在于严。严，斯成也"的古训，流传着孟母三迁、岳母刺字、画荻教子等家庭教育的典故，流传着《三字经》《弟子规》等有关家庭教育的国学著作。从现代教育分工来看，教育可分为家庭教育、学校教育和社会教育等三个方面。学校教育重在知识传授，社会教育重在面向成人劳动者，而家庭教育则是人最初智慧启蒙和文化开蒙的第一场所，并纵贯人的一生，持续不断地起作用。在家庭中，父母的一言一行都是对子女的示范教育，父母的价值观、人生态度、生活习惯等为子女判断是非、分辨对错提供了重要参照，并在子女的整个人生中都将起到重要作用。可见，家庭教育是教育的起点，也是子女接受教育的第一课堂，关系着孩子的前途和未来。

再次，家庭教育是品德教育的首要阵地。习近平总书记指出，"家庭教育涉及很多方面，但最重要的是品德教育，是如何做人的教育"。家庭教育在潜移默化、耳濡目染中，对人的一生发挥着独特而必要的基石性作用，奠定了一个人世界观、人生观、价值观的雏形。青少年时期不仅是生长发育的关键时期，更是价值观形成和确立的关键时期。良好的家庭教育，能够把美好的道德观念从小就传递给孩子，能让他们在人生"拔节孕穗期"树立正确的"三观"，引导他们有做人的气节和骨气，长大后成为对国家和人民有用的人。同时，家庭教育的内容与社会主义核心价值观的价值要求有相通之处，通过家庭的培育和践行，能够使社会主义核心价值观更加生活化、常态化，更容易渗透到日常生活的方方面面，成为人们发自内心遵守的行为规范。

最后，家庭教育是传承红色家风的重要途径。红色家风是老一辈革命家在长期的革命实践中培育的家庭价值理念和行为规范。我们党一贯重视家庭教育，并十分注重把对马克思主义的信仰、对社会主义和共产主义的信念融入家庭教育中，引导家人亲属为党和人民事业奋斗终身。新时代家庭教育能够在继承和弘扬红色家风方面发挥立德立言立行的功效：立德就是可以通过家庭教育，把对党忠诚的大德内化于心，父母通过实际行动为家庭成员作出榜样示范，教育引导子女自觉做党的理想信念和初心使命的传人；立言就是在家庭教育中引导子女向革命前辈学习，做到不该讲的坚决不讲，该讲的大大方方地亮剑发声，要讲就讲得清清楚楚、明明白白；立行就是在家庭教育中引导子女向革命先烈、英雄模范学习，像他们一样行得正走得直、干得实干得好。

毋庸置疑，家庭教育是推进以德树人、全面育人的首要阵地。但从我国家庭教育的现实处境来看，有两个方面值得特别关注：其一是家庭教育的内容出现了"学科化"倾向，其二是家庭教育中的"教育放任"和"教育过度"现象同时存在。所谓"学科化"倾向指的是家庭教育的内容选择以学校里的学科分类逻辑为基础，并以学校里的教学内容为标准。简单说来，家庭教育的内容就是复制和强化学校教育的内容。这样做的结果就是直接造成家庭教育丧失了自身的主体性、独立性和特殊性。"教育放任"是指我国部分家庭出现的放弃家庭教育的现象。这种现象主要出现在我国广大农村地区，尤其是一些经济落后的偏远地区，这些地方的许多家庭认为子女到了上学的年龄交给学校里的老师就行，直接放弃了自己的教育责任和义务。"教育过度"指的是对孩子学业学习的安排过度现象，主要出现在一些城市家庭中。无论是"教育放任"，抑或是"教育过度"，以及家庭教育内容的"学科化"倾向，事实上都是家庭教育功能萎缩和学校教育功能扩张的结果。尽管这些变化与近代以来出现的产业革命、技术进步、知识增长等宏观的社会发展变化有着密切的联系，但更与近现代以来家庭规模的变小、家庭的稳定性下降、家庭的抗风险能力不足，以及经济理性对家庭核心价值的入侵等密切相关。总之，当前我国家庭教育中诸问题的根源不在于父母"应然"的教育权利是否得到保障，而在于家庭教育功能的失灵或者说不能有效运行。因此，我国家庭教育的核心是重视家庭能力建设和家园、家校协同共育，同时必须着眼于中华民族的文化传统和文化影响，推动家庭教育积极融入我国当代社会的建设和发展，以使其成为建设有中国特色社会主义教育事业的重要组成部分。

第一章 家 庭

📝 **本章学习目标**

通过本章的学习，读者应了解和掌握下列内容：

· 家庭的内涵与基本特征

· 大家庭和核心家庭的异同

· 家庭人际关系包含的内容

· 一些值得家长参考或借鉴的家庭效应

· 中国传统家庭教育思想的利与弊

1.1 家庭

以婚姻家庭为基础，由血缘或收养关系组成共同生活的社会组织形式。它是社会生活的基本组成群体，具有情爱、生育、教育等职能。一定的家庭形式总是与社会发展的一定阶段相适应的。人类家庭建立在无婚姻家庭形式的杂婚基础上，随着社会的发展经历了血缘家庭、普那路亚家庭、对偶家庭和一夫一妻制家庭阶段。家庭关系的性质和形式受社会生产方式、民族、地域、环境等自然和社会条件的影响。同时，家庭的稳定和发展对社会的安定、生产力的发展和社会良好风尚的形成有着直接的影响。

血缘家庭是建立在血缘婚基础上的家庭形式，也是人类第一种家庭形态和第一个社会组织。存在于人类由原始群向氏族公社过渡的整个时期。血缘家庭的特征是：婚姻集团按辈分划分，即在家庭范围内，一群直系或旁系的兄弟姊妹互相通婚，但婚姻关系基本上排除祖辈与孙辈、父母辈与子女辈的婚配。这种家庭的典型形式是一对配偶的子孙中，每一代都互为兄弟姊妹，也互为夫妻。在亲属称谓上无父系和母系的区别，祖父与外祖父、伯叔父与舅父、姑母与姨母、舅母与母亲等都使用相同称呼。

▢ 知识专栏

> 血缘家庭的出现是与原始社会早期生产力的发展水平相一致的。在旧石器时代中期，狩猎技术的提高，引起了年龄分工，从而导致原始群分裂为若干血缘家庭的小集团。同原始群相比，血缘家庭已经抛弃了没有婚姻规定的杂乱性交关系，产生了禁止父母与子女之间婚配的婚姻规例。在血缘家庭集团内部，人们共同生产，共同消费，过着共产主义的集体生活。

普那路亚家庭是群婚家庭发展的最高形式。在普那路亚家庭中，若干同胞的、旁系的或血统较远的一群姐妹，与其他集团的一群男子互相集体通婚，丈夫们互称"普那路亚"；同样，若干同胞的、旁系的或血统较远的一群兄弟，与其他集团的一群女子互相集体通婚，妻子们也互称"普那路亚"。由这种婚姻关系产生的家庭形式，称为普那路亚家庭。在这种家庭中，由于进行非固定对偶的群婚，必然是男子多妻，女子多夫。子女只知其母，不知其父。氏族制度即由普那路亚家庭发展而来。

对偶家庭指原始社会时期不同氏族的成年男女双方在或长或短的时间内实行由一男一女组成配偶，以女子为中心，婚姻关系不稳固的一种家庭形式，是一种两相情愿、不受约束而稍有固定的成对同居形式。对偶家庭不像普那路亚家庭那样无固定的性伙伴，但又不像一夫一妻制家庭那样有严格而固定的单一性伙伴。对偶家庭中，一个女人可以有多个稳定的伴侣，但男方只有在女方家过夜权而无约束权，女人的伴侣可以更换。同样，男性也有几个伴侣，也可更换伴侣。虽然对偶家庭男、女的多个伴侣中有相对稳定的一个，但双方不成严格的固定关系，未形成个体所有制的家庭经济。

一夫一妻制家庭是指由一个男子和一个女子结合而组成的家庭。它是以经济条件为基础，即以私有制对原始的自然形成的公有制的胜利为基础的第一个家庭形式。其特点表现为：以生产力的发展为基础，是生产发展的结果，出现了以家庭为生产单位的家庭经济。由于私有制财产的出现，一夫一妻制家庭更有利于占有私有财产，并实行财产的父系传递和继承。它经历了奴隶社会到社会主义社会几个不同的社会形态，形成了奴隶社会的一夫一妻制家庭，封建社会的一夫一妻制家庭，资本主义社会的一夫一妻制家庭和社会主义社会的一夫一妻制家庭。

1.2 家庭结构

家庭成员的不同层次和序列结构。包括：配偶结构、世系结构、规模结构。一般家庭结构的形式可分为核心家庭、主干家庭、大家庭等类型。就世界范围来说，家庭结构由大家庭朝着核心家庭发展。家庭结构对家庭教育的实施及其效果有直接影响。

在人类社会早期，曾经出现过群婚，后来又出现了对偶婚，这些婚姻形态使得一个家庭中可能包括多对配偶及其所生的子女，与后来的一夫一妻制家庭相比，其家庭成员较多，可以说是广义的大家庭。最初的一夫一妻制家庭是父权家长制家庭，它由若干数目的自由人和非自由人在家长的统治下组成，即家庭中不仅包括有亲属关系的人，还包括一定数量的奴隶，相对来说，这种家庭规模也比较大，是狭义的大家庭。大家庭的存在是和低生产力水平相联系的。随着生产力的发展，家庭规模开始由大变小，核心家庭增多。

💬 知识专栏

　　20 世纪以来，人们自觉地控制生育，家庭规模变得更小。根据 1974 年世界人口会议文件《世界和各地区的人口前景》，1970 年全世界平均每户为 4.47 人，其中发达地区平均每户 3.40 人，发展中地区平均每户 5.16 人。该文件预测到 1985 年全世界平均每户为 4.20 人，其中发达地区平均每户 3.06 人，发展中地区平均每户 4.82 人。中国家庭规模的变化趋势也是如此，2020 年第六次全国人口普查数据显示，全国平均每户 3.10 人；2021 年第七次全国人口普查数据显示，全国平均每户 2.62 人。

1.2.1　大家庭

　　有两对或多对夫妻及其子女组成的、三代以上的、人数较多的家庭，是崇尚世代同堂的传统中国人的理想家庭形式。随着社会的发展、自然经济的解体、工业化大生产的出现以及封建传统家族制度的废除，大家庭的缺点也日益明显，且被越来越多的核心家庭取代。

　　大家庭包括主干家庭、联合家庭两种类型。主干家庭又称直系家庭，是父母和一对已婚子女组成的家庭，家庭中有两代人，每代最多不超过一对夫妻，且中间无断代，这种家庭形式在中国当代社会尤其是在乡村社会中仍然普遍存在，但随着社会的发展，此家庭类型已不再占主导地位。联合家庭是父母和多个已婚子女组成的家庭，中国古代崇尚四世同堂，包括父母、已婚子女、未婚子女、孙子女、曾孙子女等几代居住在一起，所以这种家庭形式在古代中国社会尤其普遍，联合家庭的特点是人数多、结构复杂，家庭内存在一个主要的权力和活动中心，几个权力和活动的次中心，《红楼梦》中的荣国府就是典型的联合家庭。如果多个已婚子女在父母去世后仍不分家，也叫联合家庭。

1.2.2　核心家庭

　　由一对夫妻及其未婚子女所组成的家庭，是现代社会的重要家庭形式，在我国又称小家庭。其特点是结构简单、规模小、人数少、家庭成员之间的关系密切，因而较为稳固。随着社会的发展，核心家庭逐步发展，且越来越被人们接受。

核心家庭中包含着两种最基本的家庭关系：夫妇关系和亲子关系，所以又称夫妇家庭或亲子家庭。这种家庭有利于形成家庭中的平等关系、平等权利、平等嗣系，简化家庭人际关系，减少家庭生活中的矛盾和纠纷，实现家庭中的民主，有利于培养青年人的独立性，满足不同代人对不同生活方式的追求。但另一方面它削弱了三代人之间的关系，不利于三代人在家庭生活中相互帮助，在老人赡养和儿童抚育方面存在一些实际问题。核心家庭是现代都市和工业社会最主要的家庭模式，1982 年在中国进行的五个城市家庭研究证实，核心家庭占家庭总数的 66.41%，居各种家庭模式之首。核心家庭中的子女，无论是亲生的还是收养的，在数量上并无限制。

1.3　家庭关系

家庭关系是指基于婚姻、血缘或法律拟制而形成的一定范围的亲属之间的权利和义务关系。家庭关系依据主体为标准可以分为夫妻关系、亲子关系和其他家庭成员之间的关系。

1.3.1　夫妻关系

由婚姻关系的确立而形成的丈夫与妻子之间的互相关系，是男女双方在自然属性和社会属性的基础上，基于生命繁衍的本能和确保身心最大快慰而实现的结合，有合法的性关系和特殊的情感交往。它是一切家庭关系的基础和起点，受社会制度和家庭制度的制约。一夫多妻和一妻多夫都是不平等的夫妻关系，只有建立在爱情基础上的一夫一妻才是平等的夫妻关系。夫妻关系的好坏也受到个人因素的影响，如夫妻长期分离、经济困难、不良嗜好、性生活不协调等因素。夫妻关系的调适可从以下几个方面做起：（1）平等沟通夫妻情感，做到信赖、真诚与宽容；（2）妥善安排家庭经济；（3）协调性生活；（4）注意生活小节，协调生活习惯，培养生活情趣。

核心家庭中除了存在夫妻关系之外，还存在着亲子关系，越来越多的学者指出，夫妻关系一定要大于或重于亲子关系，"凡是把孩子放在第一位的，等待这个家庭的多半是悲剧"，唯有把爱人放在第一位，夫妻关系才会牢固。有了牢固的夫妻关系，才会有牢固的家庭；有了牢固的家庭，孩子才会有一个正常、良好的成长环境；有了牢固而和睦的家庭，孩子才能够自然而幸福地成长，成长为对自己有信心、对社会有意义的个体。在《好妈妈胜过好老师》这本畅销书中，作者尹建莉老师有一段话特别经典："婚姻是最深刻的一种人际关系，人性的真实、文化素养、价值观、爱的能力等，都在这样一种关系中表现得淋漓尽致。它是两个成年人合写的生命自传，是让他们最亲爱的孩子感受生活的幸福，体会生命的美丽，认识人与人之间关系的启蒙教材。"

夫妻关系不同于血亲关系，两个陌生人因爱情和婚姻契约而生活在一起，如何构建一种和谐、愉悦的关系？万一彼此之间发生了冲突和矛盾该怎么办？除了上面提及的需要从四个方面进行调适之外，夫妻双方还须注意两点。一是夫妻之间互相尊重。夫妻在人格上视对方平等，不把对方当作自己的附庸和私有财产，不能有"你是我的老婆（老公），我想把你怎么样就怎么样"的想法，尤其是当着子女的面要尊重另一半的人格，不要在孩子面前否定自己的另一半。与父母连接是孩子天生的心理需求，当夫/妻否定自己的另一半时，就否定了孩子自己，让孩子变得不自信，否定得越多会使孩子在自卑的路上滑得越远，否定得越多会使孩子越像被否定的那个人。二是注重夫妻家庭仪式。七夕情人节、结婚纪念日、彼此的生日……这些重要日子应该有必要的庆祝仪式，还有临别时的拥抱、刚进家门时的问候这些小仪式等，看似无用，却恰恰是幸福的秘籍，这些"仪式"将彼此联系在一起，让平常难以言说的情感表达出来，彼此接纳，互相认可，并从中获得生活的力量与直面困难的勇气。

📖 **案例**

华中师大一附中贵阳学校的校刊《阳明学刊》第 4 期（2019 年 11 月）刊载了一篇题为《厘清六大关系，建设幸福家庭》的文章，该文记载了这样一个故事：一对年轻的爸爸妈妈送孩子上幼儿园的时候，妈妈抱着孩子即将进入幼儿园，爸爸在园门口和母子道别时先亲一下孩子的左脸，再亲一下孩子的右脸，亲完后再亲一下孩子妈妈的脸；整个过程只有几秒钟，但场面特别温馨。亲一下，好像没什么作用，但这就是他们一家的家庭仪式，这个仪式显示了并强化了他们一家的爱——亲子之爱、夫妻之爱，诸如此类的家庭仪式很有必要。

1.3.2 家庭人际关系

在婚姻和血缘关系基础上建立起来的家庭成员之间的心理关系。包括：（1）姻缘人际关系，如夫妻关系、婆媳关系、妯娌关系等；（2）血缘人际关系，如亲子关系、兄弟姐妹关系、祖孙关系等。其特点有：（1）它是以婚姻、血缘为联系的特殊社会关系；（2）具有久远性和普遍性，只要有家庭存在，就一定有家庭人际关系；（3）具有连续性，保证家庭人际交往和传递；（4）受法律、伦理道德影响较深，规范化程度高；（5）具有性爱交往和亲子情感。家庭人际关系的好坏直接影响着社会风气的稳定和家庭功能的正常发挥。中国重视家庭的伦理和规范，并为此制定了相应的法律。

上文中论及了姻缘人际关系中的夫妻关系，下文会重点论述血缘人际关系中的亲子关系，这里主要谈谈家庭人际关系中的祖孙关系。爷爷奶奶、姥爷姥姥和孙子孙女、外孙外孙女之间的关系构成祖孙关系。如果三代人住在一起，就出现了主干家庭。在主干家庭中，教育孩子的主角应该是父母而不是爷爷奶奶或姥爷姥姥，有些年轻的父母因工作繁忙或为了省事，把孩子交由爷爷奶奶或姥爷姥姥进行隔代抚养，自己在教育中只充当配角，这是不可取的。从目前得出的研究结论来看，隔代抚养至少存在以下两个弊端：（1）儿童的正常依恋难以形成。儿童心理学认为，依恋是婴儿与父母之间一种积极的、充满深情的感情联结，它对形成儿童最初的人格特征有着重要影响，父母之爱是儿童依恋形成和发展的必要条件。英国儿童精神学家保尔及其同事研究发现，过早离开父母而未建立正常依恋的幼儿，不能主动与其他儿童一起做游戏，不能积极探索未知世界，缺乏冒险精神，在以后的生活中往往比正常的人更容易产生抑郁心态或焦虑心态。孩子对父母的情感需求，是任何其他感情都替代不了，即使祖辈将全部感情都倾注到孙辈身上，依然取代不了父母对孩子的爱。(2)社会适应的能力难以培养。多数老人对孙辈非常溺爱，百依百顺，有求必应，更多地采取娇惯迁就、包办代替、偏私袒护、姑息纵容等教育方式，例如由祖辈端到孩子手上，孩子才吃饭吃菜；由祖辈背着书包送孩子去上学；由祖辈替代来做学校的大扫除等。祖辈无原则的迁就极易造成孩子任性、懒惰、以自我为中心、缺乏团结协作精神等不良人格，这种人格的孩子在初期的行为表现方式是专横跋扈、胆大妄为，而一旦遇到小小挫折，就如临大敌、胆小退缩、萎靡不振。

1.3.3 亲子关系

基于血缘关系或收养关系之上的父母与子女之间的代际关系。它是由正常家庭中夫妻关系产生的一种最为基本和最重要的家庭关系。具有血源性、伦常性、权利和义务性。从家庭外部看，亲子关系受社会和家庭制度、文化传统的影响。我国封建社会的亲子关系是"父为子纲"，家长对子女有生杀大权，子女绝对服从家长的意志，"父叫子亡，子不得不亡"，社会要求父慈子孝。社会主义社会的亲子关系是一种平等的亲密关系，其基本要求是"尊老爱幼"，亲子间各自承担社会责任："父母有抚养和教育未成年子女的责任，子女有赡养和抚助父母的义务。"任何残害子女和虐待父母的行为都为法律道德不容。从家庭内部看，亲子关系的好坏还与家庭的早期教育有关。因此，建立良好的亲子关系，既要有优化的社会大背景，又要在家庭内部注意改善家庭气氛，了解子女心理，端正父母教养态度，调节父母期望水平，强化亲子双方的交往意识，发展其亲社会行为。

此外，要优化亲子关系父母还须注意两点：（1）多与孩子进行皮肤接触。可以多牵孩子的手，多拥抱孩子，这是奠定亲子感情的基础。孩子在幼儿园或在小学时，比较调皮，比较活跃，蹦蹦跳跳，父母很自然牵着孩子的手。但孩子到了中学或大学，家长就不与孩子牵手了。家长应该转变牵手观念，不只是习惯在孩子读幼儿园和小学时牵着他的手，也要在孩子读中学和大学时多和他牵手。家长还需要多拥抱孩子。孩子离开家门，不管是一年一月，还是一周一天，家长应该和孩子拥抱告别；孩子进入家门，不管是一年一月，还是一周一天，家长应该拥抱欢迎。孩子如果在家长面前倾诉他的苦楚和委屈，家长的拥抱胜过千言万语。日本有位教育家说："感情是什么？感情是发生在身体上的生物反应和化学反应。没有彼此接触的条件，反应就不可能发生，不发生就没有情感。亲子情感不是虚幻缥缈的，一定要有更多的接触才有更多的感情。"（2）多陪伴孩子。有一句话说得好："父母是最好的老师，亲情是最好的营养品，餐桌是最好的课桌，家是最出色的学校。"有些父母把陪伴孩子的任务交给爷爷奶奶和姥爷姥姥，甚至交给保姆，这样做是不合理的。如果父母和孩子早期相处不足，彼此间的情感联结就会比较脆弱，而这种联结是有时间段的，错过了这个时间段，今后就没有弥补的机会，就很难再建立新的联结；这一点已被现代心理学研究所发现和证实。那些早期由爷爷奶奶、姥爷姥姥或由他人抚养长大的孩子，和父母之间永远隔着一层东西：要么互不理解，冲突不断；要么特别客气，宛如外人。没有相守的长度，就缺乏感情的厚度。

1.3.4 亲子互动

父母与子女之间由于在态度、情感、行为等方面的互相作用、相互影响，从而引起对方的行为、情感或价值观改变的过程。它是亲子关系的动态展示，可用图 1-1 表示。亲子互动直接影响到亲子关系的和谐与否以及子女能否健康成长。良好的亲子互动需要父母与子女双方共同努力。作为父母应注意：（1）给孩子真正的亲子之爱；（2）以身作则，言行一致，为子女做出良好的榜样；（3）保持开朗、善良的性格特征；（4）努力使自己保持童心、童趣，能与子女玩在一起，乐在一起，并善于观察孩子、了解孩子、尊重孩子。

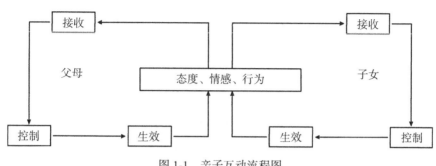

图 1-1　亲子互动流程图

上文中提及的"多与孩子进行皮肤接触""多陪伴孩子"都属于亲子互动。亲子互动具有血缘性、亲情性、长期性等特点。婴儿时期的亲子互动，对宝宝的智能发展起着重要作用。宝宝需要学会对别人的行为做出正确的回应，如对妈妈的微笑、拥抱、照顾等做出声音、微笑或者其他的身体反应；宝宝需要预期自身的行为对成人产生的影响，当宝宝发出的信号能被爸妈正确回应时，宝宝对成人和世界的信赖感和安全感由此产生，智能将得到较好的发展。幼儿期的亲子互动的一项重要任务就是"游戏"。透过游戏，孩子得以熟习生活技能，感知周遭世界，建立自我概念，发展人际关系。"游戏"对幼儿而言，就是他的正事，就好像学习是学生的正事、上班是大人的正事一样。家长要多陪幼儿游戏。陪孩子游戏是每一个家长甜蜜的负担，需要体力、时间、心情与智慧。

📋 **案例**

人民网 2016 年 7 月 6 日刊载了一篇题为《推荐购买亲子互动玩具可增进亲子感情》的文章，该文认为如今沉迷于手机游戏、电脑游戏的孩子越来越多，各种暴力玩具对孩子们同样具有吸引力。为了孩子的健康，家长应该多让孩子接触大自然，可选择购买一些亲子互动玩具，带着孩子到户外运动。现在有很多户外的玩具，如小孩子玩的篮球、棒球、足球门、飞碟等，孩子和大人一起玩的过程中既可以学到知识，又能增进亲子之间的感情。

1.4　独生子女

家庭中父母生育的唯一的子或女。独生子女的大批量出现是世界人口发展的趋势。主要原因有：(1)生产力的发展与生产方式的变革；(2)大家族的逐渐消亡；(3)妇女地位的提高；(4)传宗接代、多子多福观念的逐步淡化；(5)医疗保健事业的发展及避孕、堕胎技术的发展和完善；(6)抚育孩子所需费用的日益增多；(7)社会公益福利事业的发展和完善。在中国，独生子女大批出现，既有利于孩子享有丰富的物质与精神生活，促进身心健康成长，也有利于父母自身的身心健康和工作、学习、思想的进步，使家庭生活更幸福。由于独生子女是家庭中唯一的孩子，没有兄弟姐妹，受到的父母的爱强烈而集中，生活上的照顾更周到，这些条件为独生子女的身心健康成长提供了保证，但同时也容易形成独生子女的缺点。因此家庭教育中，家长应注意把孩子摆在恰当的位置上，对孩子的期望要实事求是，全面关心他们，使其身心得到和谐的发展。

具体来说，家长在教育独生子女的时候，要把握好四个方面：(1)克服重养轻教的倾向。许多独生子女的家庭，只注意从生活等各方面给孩子以无限的关心和爱，而对孩子的德育却很少提出要求，对孩子的不良行为很少加以限制，对孩子的过失不闻不问或听之任之。这是独生子女教育失败的原因之一，必须坚决改变。(2)不可急于求成。望子成龙，盼子成才，这是每个做父母的共同心愿。但不能在这种思想支配下，不顾儿童生理、心理发育的特点，一味过高地要求，把小小的孩子成天关在家里，进行"私塾"或"棍棒"式的教育，规定每天要写多少个汉字，算多少道数学题，练几小时钢琴。这样做，不但不能激发孩子的学习兴趣，反而会使儿童产生厌学情绪，对智力开发极为不利。(3)要大胆放手。社会对独生子女议论和担心最多的，是缺乏独立性和社交能力。而独立性和社交能力要靠孩子通过与其他小朋友交往、接触、游戏来逐渐培养。因此，不能总是把孩子关在家庭的小天地里，要放心大胆地让他们走出家门和同龄的小朋友们一道玩耍、学习。来自不同父母、不同家庭中的同龄人，有不同的性格、志趣和爱好，各自的特点是不一样的，孩子们在一起可以互相学习，互相帮助，取长补短。这是独生子女在性格、智力、品德等方面全面发展的重要条件之一。(4)要爱而不娇。爱是儿童健康成长的精神食粮。爱有利于孩子的智力发育。但是，对独生子女来说，要防止溺爱，做到爱而不娇，对孩子的合理要求要满足，对不合理的要求要限制，让孩子知道是与非的界限。

1.5 父母角色

为人父母所承担的权力、义务和责任，是在孩子出生时就自然确定了的。我国法律也规定：父母有抚育未成年子女的责任。它受到父母自身社会经济地位、文化水平、性格、教养态度、角色示范、人生观，甚至种族、伦理、宗教等方面的影响。对父母角色的正确认识、影响到家庭教育的各个方面。承担父母角色要做到：(1)形成和谐的夫妻关系，避免冲突，为子女成长创造条件；(2)在孩子的不同发展阶段上，调整自己角色内容的变化；(3)父母间确立互补、均衡、目标一致的角色关系；(4)努力接近子女，成为他们的良师益友。

单独从母亲的角色来看，母亲是最接近上帝的角色，犹太人有个说法："上帝不能亲临人间，所以祂创造了母亲。"自古以来的文学作品，对母亲的描述都是：温柔、贤淑、善良、善解人意、任劳任怨、女子本弱、为母则强。在中国的文化中也是以母教为主，孩子在婴儿时期几乎都是由母亲喂养、照料，在幼儿园是接受女老师的教育，上学也是受女老师的教育居多。因此，母亲的性格、语言、情绪和行为等方方面面会影响孩子。

成功的母亲在养育子女中常常扮演着多个角色：（1）孩子生活习惯的培育者。孩子从小开始，衣食住行各方面的生活习惯的养成，大多来自于母亲的影响。（2）孩子情商的培养者。早期教育中有各种情商培训，而母亲说话的方式直接影响着孩子的情商。（3）孩子情绪的稳定者。孩子的紧张、淡定、愤怒、内疚、喜悦或者悲伤等各种情绪，都喜欢向母亲倾诉，母亲也最能稳定孩子的情绪。所以身为母亲，面对教育孩子的繁琐和压力，面对个人工作和照料家庭的矛盾，面对夫妻关系的问题等，稳定自己的情绪也很重要。（4）适当的"示弱"者。过分强势的妈妈让爸爸和孩子的角色一再弱化，聪明的妈妈会适当地示弱，给予丈夫家庭的空间，也给予孩子成长的空间。（5）做好自己的独立者。成功的母亲不放弃做自己，在成为一个母亲的同时，她也是个独立的女性，她不只为了孩子而生活，她也爱自己，让自己不断成长，她明白爱自己才能更好地爱家庭和孩子。

　　母亲是伟大的，但不是万能的，再好的母亲也无法替代父亲的角色。既当娘又当爹的角色，往往以悲剧收场，所以说父亲角色不可忽视。犹太人还有一句俗语："父亲塑造孩子的大脑，母亲塑造孩子的灵魂。"这个天才的民族告诉我们，孩子的成长中，母亲角色很重要，父亲角色也不可缺失。有很多爸爸秉持传统的"男主外、女主内"的根深蒂固观念，把自己在家庭教育的角色定位在经济后盾上，认为陪伴孩子等大小事似乎与自己无关。现代家庭教育要求男性对父亲的身份重新认识，除了经济上的支援外，父亲需要更多地陪伴孩子，参与孩子的成长过程，这样能让家庭更和谐、亲子关系更紧密。成功的父亲在养育子女中也常常扮演着两个角色：（1）母亲的战友。很多年轻爸爸要么不参与家庭教育，要么和妈妈对着干，比孩子还幼稚，让孩子从小不能形成稳定的养育环境。爸爸成为妈妈的战友，支持妈妈，就是支持孩子的成长。（2）孩子心理安全的构建者。现代中国有自闭症或行为障碍症的孩子越来越多，研究发现这部分孩子很大的原因是自幼缺少父爱甚至没有感受过父爱。父爱的表达方式内敛含蓄，但威严有力量，会让孩子在童年时找到足够的安全感，心理上产生强大的自信。缺乏父爱的孩子，要么会向自闭发展，要么喜欢挑战权威来获得别人关注，这对孩子的成长都极其不利。

知识专栏

　　对男孩子而言，父亲给予男孩的是直接的榜样，从小教会一个男孩子责任感、力量感。对女孩子而言，父亲给予女孩的是安全感。父亲是女孩接触的第一个男性，父亲的参与和行为影响着女孩的安全感的建立，同样影响着孩子未来婚恋的选择，女孩往往从父亲身上找到未来生活的参照，青春期的女孩甚至会把父亲作为未来丈夫的标准。

1.6　家庭效应

　　家庭对子女发展所起到的作用通过生殖家庭和生育家庭两种形式表现出来。生殖家庭是以父母的地位和身份出现的家庭。它对子女发展的作用主要表现为遗传因素的影响，遗传因素是子女发展的物质基础和生物前提，为其发展提供了潜在的可能性。生育家庭是以子女的地位和身份出现的家庭，它对子女发展的影响是通过家庭社会经济地位、父母文化程度、父母职业特征、父母教育态度与方式、教育能力以及家庭结构等因素进行的。它们制约着儿童的发展，其影响明显高于生殖家庭的遗传因素。家长应注意优化生育家庭的各种影响因素。

　　在生育家庭这种形式中，有七种值得家长参考或借鉴的效应——

　　（1）罗森塔尔效应

　　搜狐网"教育"专栏2020年10月27日登载了一篇题为《心理学十大定律之一：罗森塔尔效应》的文章，该文记载：美国著名的心理学家罗森塔尔曾做过这样一个试验：他把小白鼠随机分成A组和B组，并且告诉A组的饲养员这一组老鼠非常聪明；同时又告诉B组的饲养员这一组的老鼠智力一般。几个月后，两组老鼠进行穿越迷宫测试，

A组竟然真的比B组聪明，它们能够先走出迷宫找到食物。

罗森塔尔的这一实验在人身上也有效果，这正是"暗示"这一方法的神奇魔力。每个人在生活中都会接受各种心理暗示，这些暗示有的是积极的，有的是消极的。妈妈是孩子最爱、最信任和最依赖的人，同时也是最容易对孩子施加心理暗示的人。长期消极不良的心理暗示，会使孩子的情绪受到影响，严重的甚至会影响其心理健康。相反，如果妈妈对孩子寄予厚望，积极肯定，孩子就会更加自尊、自爱、自信、自强。

（2）超限效应

简书网2021年4月3日登载了一个题为《马克·吐温听演讲》的故事：美国著名作家马克·吐温有一次在教堂听牧师演讲。最初，他觉得演讲很让人感动，准备捐款。过了10分钟，还没讲完，他有些不耐烦，决定只捐一些零钱。又过了10分钟，牧师还没讲完，于是他决定1分钱也不捐。等到牧师结束了冗长的演讲开始募捐时，马克·吐温由于气愤，不仅未捐钱，还从盘子里偷了2元钱。

这种刺激过多、过强和作用时间过久而引起心理极不耐烦或反抗的心理现象，被称之为"超限效应"。超限效应在家庭教育中时常发生，当孩子犯错时，父母一次、两次，甚至四次、五次重复地就这件事批评孩子，会使孩子从内疚不安到不耐烦乃至反感。孩子被"逼急"了，就会出现"我偏要这样"的对抗心理和行为。可见，对孩子的批评不能超过限度，"犯一次错，只批评一次"。这样，孩子的厌烦心理、逆反心理也会随之减低。

（3）德西效应

搜狐网"教育"专栏2021年7月13日登载了一篇题为《心理学中著名的教育孩子的六大效应》的文章，该文提到心理学家德西曾讲述了一个寓言：一群孩子在一位老人家门前嬉闹。几天过去，老人难以忍受。于是，他出来给了每个孩子 10 美分，对他们说："你们让这儿变得很热闹，我觉得自己年轻了不少，这点钱表示谢意。"孩子们很高兴，第二天仍然来了，一如既往地嬉闹。老人再出来，给了每个孩子 5 美分。孩子仍然兴高采烈地走了。第三天，老人只给了每个孩子 2 美分，孩子们勃然大怒："一天才 2 美分，知不知道我们多辛苦!"他们向老人发誓，他们再也不会为他玩了!

其实，老人的方法很简单，他将孩子们的内部动机"为自己快乐而玩"变成了外部动机"为得到美分而玩"，他操纵着美分这个外部因素，所以也操纵了孩子们的行为。德西效应在生活中时有显现。比如，父母常因为孩子的成绩进行物质奖励，但这种不当的奖励机制，将孩子的学习兴趣一点点消减了。

（4）南风效应

简书网 2022 年 4 月 24 日登载了一篇题为《南风效应（温暖法则）》的文章，文章谈到法国作家拉·封丹写的一则寓言：北风和南风比威力，看谁能把行人身上的大衣脱掉。北风先来使劲地吹，结果行人反而把大衣裹得更紧。南风则徐徐吹动，行人顿时觉得春暖上身，开始脱掉大衣，南风胜利。南风之所以能达到目的，就是因为它顺应了人的内在需要。

这种因启发自我反省、满足自我需要而产生的心理反应，就是"南风效应"。移用到家庭教育中，父母让孩子处在自发自觉的状态，这就是孩子最好的状态。亮亮早晨起床洗漱吃饭动作很慢，经常听到妈妈厉声道："快! 快给我把衣服穿上!""赶快把这个给我吃了!"亮亮吃饭时妈妈也寸步不离，坐在旁边盯着，亮亮反而吃得很少很慢。有一次亮亮爸爸给他做了番茄牛肉面后就离开了，让亮亮一个人坐在空荡荡的客厅里边听音乐边吃，结果亮亮吃得干干净净。

（5）霍桑效应

　　简书网 2019 年 5 月 20 日登载了一篇题为《亲子/霍桑效应》的文章：美国芝加哥郊外的霍桑工厂是一个制造电话交换机的工厂，娱乐设施、医疗制度和养老金制度都很完善，但工人们仍然很不满，生产状况很不理想。后来，心理学家专门进行了一项试验，让霍桑用两年时间找工人们进行个别谈话，谈话多达两万余人次。在谈话过程中，霍桑耐心倾听工人对厂方的各种意见和不满。这一谈话试验收到了意想不到的结果：霍桑工厂的产值大幅度提高。

孩子在学习、成长的过程中难免有困惑或者不满，但又不能充分地表达出来。父母要尽量挤出时间与孩子谈心，并且在谈心的过程中耐心地引导孩子尽情地说出自己生活、学习中的困惑，说出自己对家长、学校、老师、同学等的不满。孩子在"说"过之后，会有一种发泄式的满足，他们会感到轻松、舒畅。如此，他们在学习中就会更加努力，生活中就会更加自信！

（6）增减效应

　　安徽建筑大学官网在 2010 年 11 月 17 日登载了一篇题为《人际交往中的若干心理效应之增减效应》的文章，该文指出：人际交往中，任何人都希望对方对自己的喜欢能"不断增加"而不是"不断减少"。比如，许多销售员就是抓住了人们的这种心理，在称货给顾客时总是先抓一小堆放在称盘里，再一点点地添入，而不是先抓一大堆放在称盘里，再一点点地拿出。

家长在评价孩子的时候总是将他的缺点和优点都要诉说一番，并常常采用"先褒后贬"的方法。其实，这是一种很不理想的评价方法。在评价孩子的时候，家长不妨运用"增减效应"，先说孩子一些无伤尊严的小毛病，然后再恰如其分地给予赞扬。

(7)登门槛效应

简书网2019年11月20日登载了一篇题为《十大心理学效应之登门槛效应》的文章，该文提到日常生活中常有这样一种现象：在你请求别人帮助时，如果一开始就提出较高的要求，很容易遭到拒绝；而如果你先提出较小要求，别人同意后再增加要求的分量，则更容易达到目标，这种现象被心理学家称为"登门槛效应"。

在家庭教育中，我们也可以运用"登门槛效应"。例如，先对孩子提出较低的要求，待他们按照要求做了，予以肯定、表扬乃至奖励，然后逐渐提高要求，从而使孩子乐于无休止地积极奋发向上。

1.7 家庭生活方式

人们在家庭中的各种生活活动的典型形式。它是家庭成员在长期的共同生活中逐步形成的较为稳定的生活模式。包括家庭生活观念、家庭生活活动和家庭生活条件的三个基本要素，三者互相联系、互相影响。它受到社会政治、经济、文化等因素的制约。家庭生活方式中对子女身心发展有直接影响的因素有：(1)家庭饮食营养习惯；(2)生活起居习惯；(3)消费方式；(4)闲暇利用方式；(5)家庭人际交往方式等。家长应注意形成良好的家庭生活方式，为子女健康成长创设良好的生活环境。

健康而良好的家庭生活方式，应该具备四个基本特征：(1)家庭成员之间有密切和谐的沟通。现代人生活的压力大，家庭成员之间密切和谐的沟通成为人们缓解压力、释放紧张、稳定情绪、健康精神的重要方式。(2)家庭成员经常集体锻炼。中老年人糖尿病与心脑血管疾病、儿童肥胖病等越来越成为影响人们健康的重要疾病，这主要是由于人们在日常生活中养尊处优，吃得太好，活动太少。家庭集体锻炼有着个体锻炼无法替代的人际共勉效应，在所有的锻炼方式中，老幼中青咸宜的方式首推散步。散步次数、散步时间多少、散步距离长短可因人、因家庭而异。(3)家庭成员没有不良的嗜好。这些不良的嗜好包括吸烟酗酒、打牌赌博、熬夜等，其中吸烟有百害无一利，已经成为人类死亡的第一因素，家里一人吸烟，其他成员即便是被动吸烟，患肺癌的可能性也会增加50%。(4)养成家庭膳食平衡的习惯。

💬 **知识专栏**

家庭成员的膳食结构应按照科学的方式的配置：以粮食，蔬菜和水果为主要摄入食物，每个成人每类食物每天各摄入500克左右；以瘦肉、鱼肉、鸡蛋、牛奶、豆制品为次要摄入食物，成人应将总量控制在每天200克至300克，鱼肉每星期应为3—4次；以油脂、糖、盐等调料为最少要摄入食物，每个成人控制在一天20—30克即可。

1.8 家风

一个家庭或一个家族世代发展过程中逐渐形成的较为稳定而独特的风气。包括生活作风、生活方式、传统习惯、家庭规范和待人接物、为人处世之道等。家风对家人或子孙的行为起着约束、规范作用。影响家风形成的因素有家庭的社会地位，家庭中的历史传统，家庭中主要成员的个性、品质、职业、特长等。不同家庭具有不同的家风。

历史文献中提及"家风"一词，往往蕴藏有对传统的继承意义。"齐有人焉，于斯为盛。其余文雅儒素，各禀家风。箕裘不坠，亦云美矣。"(《南史》)这里的"禀"字，就生动地传达了下对上、后对前的承继接受，还有"不坠家风""世守家风""克绍家风""家风克嗣"等词语，也无不体现了这一特点。家风作为家庭的文化和传统，是一个家庭长时期历史汰选、传统沉淀的结果，表现的也是一个家庭的气质和风习，反映出一个家庭有别于其他家庭之处。家风是一个中性的概念，有的家风是勤奋俭朴、为人忠厚、待人有礼，也有的家风是狡诈刻薄、游荡为非、忿戾凶横。家长应注意以身作则，努力形成和维护良好的家风，使其成为教育子孙后代的重要手段。

案例 1：搜狐网"教育"专栏 2020 年 12 月 6 日登载了一篇题为《〈训俭〉醒一人，〈家范〉正万家》的文章，该文提到司马光的故事：北宋司马光的远祖可追溯到西晋皇族安平献王司马孚，司马光的父亲司马池官拜兵部侍郎、天章阁侍制，这样世代簪缨的诗书之家，往往有家规、家训。司马光成为司马氏一族的代表人物后，在既有的家规、家训的基础上撰写了《家范》，系统地阐述了家庭的伦理关系、治家原则，以及个人修身养性和为人处世之道等。至此，《家范》中的思想便成为了司马氏的家风。

案例 2：腾讯网 2021 年 3 月 20 日登载了一篇题为《潍坊四大家族之"诸城刘氏"》的文章，该文提到：山东诸城刘氏家族的刘必显，是家族中的第一个进士，官拜户部广西司员外郎，晚年辞官归故里，致力于子孙的教育，立下了"当官清廉、积德行善、官显莫夸、不立碑传、勤俭持家、丧事从简"的家风家训。自清初至道光末年近 200 年时间里，刘家连续 7 代，先后科考得中 198 人，其中进士共计 5 世 11 人，举人共计 6 世 35 人，七品以上的官员 73 位，出任知县、知府、道台、学政、布政使、巡抚、总督、尚书、内阁大学士、军机大臣者皆有之，其中最为著名的便是刘统勋、刘墉父子。

案例 3：新浪网 2018 年 2 月 2 日登载了一篇题为《美国两大家族的故事》的文章，该文提到：在美国历史上，曾经有过这样两个家庭——一个是爱德华家族，其始祖爱德华是位满腹经纶的哲学家，他的后代大多传承了勤学善思的优良家风，8 代子孙中出了 13 位大学校长、100 多位教授、80 多位文学家、20 多位议员和 1 位副总统；另一个家族的始祖叫珠克，是个不读书、缺乏修养的赌徒和酒鬼，他的后代大多不爱学习，8 代子孙中有 300 多个乞丐、7 个杀人犯和 60 多个盗窃犯。可见一个家庭的家风优良与否，会致使家族成员身份的天壤之别。

1.9　中国传统家庭

传统社会中的中国家庭。它具有以下特征：（1）大家庭制度，强调累世同堂；（2）建立在父母基础上的家长制，父亲是一家之长，支配一切；（3）重男轻女，对儿子期望高，财产、技术等由儿子继承，妇女在家庭中的地位低下，必须"在家从父，出嫁从夫，夫死从子"；（4）强烈的家庭一体感，家族荣誉高于一切，个人兴趣不被重视，光宗耀祖是个人最大的成就与满足；（5）财产共有，家长掌握经济大权，控制财务，也负责援助子女。中国传统家庭受几千年封建制度的影响，带有明显的封建特征。随着社会变迁，传统家庭变化较大。如大家庭减少，亲子关系趋于平等化，妇女地位提高，个人经济较独立等。但传统家庭观念仍对当今中国家庭有影响。

中国传统家庭产生并延续于父权制社会，而父权制的第一个结果则"表现在这时发生的家长制家庭这一中间形式上"，"家国同构，宗法一体，神权、王权、父权合一"（《家庭·私有制和国家的起源》，恩格斯）。这大大强化了父权制，并使传统家庭教育带有浓厚的父权制色彩。这一特征表现在教育目的上，是使家庭成员成为遵循并维持以父权制为基础的封建宗法等级秩序；表现在教育手段和方法上，则突出父权制的专制色彩，盛行"家长主义"，不注重因人利导、因势利导，不注意受教育者的兴趣好恶，盛行体罚，重男轻女等；表现在家庭教育实践上，子女接受教育的范围狭窄，主要囿于实际生活中的洒扫、应对、进退举止和人际关系的处理，练习爱亲敬长隆师亲友之道，重心则是指向品质培养。

中国传统家庭教育思想孕育于传统文化背景之中，一方面汲取了传统文化的精华，成为历经几千年而不消退的优良传统；另一方面，以封建伦理思想作为教育的最高价值取向，因而也难免具有封建的糟粕性。对于我国传统家庭教育理论与实践，我们必须加以总结、分析与研究，汲取其中的精华，使之为现代家庭教育所用，同时必须剔除其糟粕，从而实现我国当代家庭教育的科学化。

1.10 家长制

家长对家庭成员尤其是子女实行统治的家庭制度。它强调家长的至高地位和绝对权力。在古罗马家庭中，家长对家庭成员拥有生杀予夺、出卖、决定婚姻的权力和支配家庭财产的权力，家庭成员必须绝对服从家长。在中国奴隶社会中，家长具有家庭财产支配权、家务管理权、子女婚姻决定权和家庭成员惩戒权。到了封建社会，家长制得到进一步巩固和加强。上至国君下至家长，形成一个以男系嫡长子孙血亲关系为基础的宗法家长体系，强调"三纲"，即君为臣纲、父为子纲、夫为妻纲，它在中国沿袭了几千年。现代社会摧毁了家长制的经济基础，建立了新型的家庭关系，强调男女平等、尊老爱幼、团结互助、民主和谐。"家长"只是一种习惯的称谓，与家长制有了本质的区别。

📖 **案例**

简书网 2020 年 5 月 3 日登载了一篇题为《读〈家〉》的文章，该文提到：中国现代作家巴金的小说《家》描述的就是一个典型的家长制家庭，这个家庭一切的悲剧都和封建家长制代表人物高老太爷有关。高老太爷疏于对子女的家庭教育，只强调以家长权威压制其他家庭成员。小说中的梅是旧式才女，与觉新青梅竹马，但父母之命的婚姻制度使有情人不能成为眷属，封建婚姻给她带来的是不幸、痛苦，梅最终抑郁而死；鸣凤死于封建家奴制，高老太爷把她送给六十来岁的冯乐三为妾，她最终以投湖自尽的方式来抗议黑暗的社会；瑞珏温柔贤淑，是典型的贤妻良母，对觉新感情真纯，但封建伦理制度和封建迷信思想导致瑞珏难产而死。这三位女性的悲剧及高家的一切罪恶均源于封建家长制，家长制使高家这个典型的中国旧式大家庭成为一个罪恶的深渊和黑暗的王国。

📝 **思考与讨论：**

1. 家庭的内涵是什么？其基本特征有哪些？

2. 大家庭和核心家庭有哪些相同点和不同点？

3. 家庭人际关系包含哪些内容？你认为家庭人际关系中最重要的关系是什么？

4. 值得家长参考或借鉴的家庭效应有哪些？

5. 中国传统家庭教育思想有哪些应该汲取的内容？

第二章　家庭教育

📝 **本章学习目标**

通过本章的学习，读者应了解和掌握下列内容：

· 正确的家庭教育观的内涵

· 家庭教育规律和家庭教育特点

· 父亲和母亲在家庭教育中的作用

· 家庭教育现代化的基本特征

· 家庭教育学主要研究的内容

2.1　家庭教育

广义的是指父母与子女之间的双向教育和影响。狭义的是指父母或家庭中的其他年长者自觉或不自觉，有意识或无意识地对未成年的儿童施加单向的教育和影响。通常意义上的家庭教育专指狭义而言。它是家庭的基本职能之一，与学校教育、社会教育组成完整的教育体系，具有人际关系的亲近性、教育内容的广泛丰富性、教育方法的灵活多样性等特点。家庭教育的成败取决于家长的教育水平。家长应通过亲职教育努力提高家庭教育水平。

我们来看当代中国家庭教育特别成功的一个案例——

人人文库网 2021 年 5 月 19 日登载了一篇题为《北大林氏三兄弟》的文章，该文提到北京大学的林氏三位亲兄弟：老大林国基，北京大学政治学系读博士；老二林国华，北大比较文学研究所硕士研究生，毕业后考入美国哈佛大学神学系读博士研究生；老三林国荣，在北大政治学系读研究生，由于成绩特别优秀，已被清华大学邀请攻读博士学位。兄弟三人全在北京大学读书，而且成绩斐然。据说这在北大建校 100 年来的历史中是第一次。林氏三兄弟来自农民家庭，家境贫困，但其父母在三个儿子入学之前和求学历程中，用自己好学的行为来影响他们，两代人每天夜晚挑灯共学，这样的家庭读书氛围一直持续到三个儿子都考上大学。更令人惊讶的是：他们家里那么穷困，却长期订阅文学杂志，传习世界名著，一家人反复阅读，互相讨论。在他们家一贫如洗的四壁上，贴满了各种纸条，上面写着做人的名言和警句。三个儿子就是在这样贫困而格调高尚的家庭氛围中长大，他们的文化修养、人生感悟、人格升华也是在这样的家庭氛围中逐渐完成。林氏夫妇教子的感人之处，并非是培养出三个博士，而是传承了坚忍不拔、自强不息、勤奋好学的精神，这种精神铸就了每一个孩子不屈不挠的性格，激活了他们奋发向上的学习潜能。

2.2　家庭教育观

对家庭教育的认识和看法。它随着家庭教育的出现而出现，并随社会改变而变化。中国古代家庭教育观中有许多科学的观点，如"胎教""慈幼""有教无类""慈母败儿""教子无方""子不教，父之过"等。但也有一些受时代影响的看法，如"光宗耀祖""学而优则仕""唯命是从"等。随着社会进步和家庭职能的转变，现代家庭教育观与之前有了很大的区别，如家庭教育目标更注重子女个体身心的健康成长及个体与社会的协调；家庭教育模式更注重开放式；家庭教育方法更注重科学性，也更讲究家长自身素质的提高。家长的家庭教育观直接影响到家庭教育的目标、内容、方法乃至家庭教育的成败。因此，家长应注意树立正确的家庭教育观。

家长树立正确的家庭教育观，应该至少做好三点：

(1)以身作则，树立榜样。这一点在本书中多次强调过，父母是陪伴小孩时间最多的社会成员，父母的行为习惯和为人处世方法是小孩模仿的样板，所以榜样的树立是家庭教育中极为重要的一环。

📋 **案例**

知乎网 2020 年 6 月 24 日登载了一篇题为《你是什么语气，孩子就是什么态度》的文章，该文提到有位妈妈在女儿不听话时喜欢冲着女儿发脾气，有一次妈妈刚回家，正好看到女儿冲着奶奶发脾气，说奶奶没有按照她的要求摆放玩具，很是生气，学着妈妈的语气和语言在斥责奶奶。就在那一刻，妈妈猛然醒悟了，女儿的这些行为其实是妈妈自己平时不经意间"教"给她的。妈妈给女儿作了一个坏的榜样，心里懊悔不已，此后再也没在女儿面前爆过粗口，尽量用和蔼的语气和女儿交流，日子久了，女儿与人相处的态度也大有改观。

(2)培养习惯，授之以渔。在孩子的幼儿阶段，家长应该淡化孩子的成绩，以培养孩子的习惯为主，注意培养孩子良好的生活习惯、学习习惯以及独立且能够合群的交际习惯。家长可以经常教导孩子自己的事情自己做，多和其他孩子做朋友，学会分享等。孩子在这个阶段特别喜欢问一些为什么，家长有时也可以引导孩子自己思考，拓展孩子的想象力和创造力，这比答案的对错更加重要。

(3)合理规划，注重引导。十年树木百年树人，家庭教育不能忽视对孩子成长的规划和引导，成长规划是家庭教育的进阶阶段，是一项持久的、系统的、专业的工程，包括孩子角色定位、性格心理发展、兴趣爱好培养、综合能力规划等，是对家长恒心、毅力和能力的极大考验。印度有一部名为《三傻大闹宝莱坞》的励志电影，主要谈的就是教育的问题，豆瓣评分很高，讲述的就是一个简单的道理：孩子做擅长的事，事半功倍；做不擅长的事，事倍功半甚至徒劳无功。家长要善于发现和引导孩子，为孩子规划人生的发展方向。

2.3　家庭教育规律

家庭教育中本质的、固有的、必然的联系及趋势。它存在于家庭教育过程中，并在其中发挥作用。现代社会的家庭教育规律有：(1)受国家总的教育方针制约的规律；(2)适应儿童身心发展特点的规律；(3)适应社会政治、经济发展的规律；(4)适应家庭经济能力的规律；(5)协调各方面教育因素的规律。它们是家庭教育实践的指南。只有认识和掌握了规律，并努力按照规律办事，才能搞好家庭教育。

以第二个规律，即适应儿童身心发展特点为例，孩子在不同的年龄段，身心发展特点不一样，家庭教育应该尊重儿童现有的发展阶段，尊重孩子的主体地位并循序渐进地推进教育过程，不要为了儿童将来的完满生活而牺牲其现在的童真快乐。

法国著名教育家卢梭反对不尊重孩子天性的传统教育，反对将孩子培养成"小大人""小绅士"，认为贪多图快、揠苗助长的教育方式会超越儿童现有的身心发展阶段，不利于孩子的生长发展。

🗩 知识专栏

卢梭根据孩子不同的身心发展顺序科学地划分了四个阶段，并提出了对应的教育方法。(1)0—2岁幼儿阶段。这是教育的初始阶段，要注重孩子的衣、食、睡眠等，主要以孩子的身体养护为主，可以运用游戏方式强健孩子的体魄。(2)2—12岁儿童阶段。这一阶段孩子独立意识开始形成，但仍然主要依赖对外部事物的感觉，这一时期称为"理智的睡眠期"，主要应开展"感觉教育"。(3)12—15岁少年阶段。进入少年阶段的教育主要为智力教育和劳动教育。卢梭认为，智力教育不是简单地传授和灌输知识，而是着重培养孩子的思维观念，可以通过实践劳动"在做中学"，发展心智，强建体魄。（4）15—20岁青年阶段。这时，孩子已经具备了判断能力，并逐渐开始对社会关系有所敏感和发现。因此，教育应该以道德教育为主、人文学科为辅，帮助孩子树立正确的人生观、价值观和世界观。

根据卢梭的理论，在儿童身心发展处于小学阶段时，家长可以通过触觉、视觉和听觉的锻炼，有意识地对孩子进行感官教育，为开发孩子的逻辑思维能力奠定基础。在孩子到了初中阶段时，配合学校教育，家庭也要开展智力教育和劳动教育，这里的智力教育不仅指知识教育，更加注重孩子逻辑思维的锻炼。伴随智力教育践行劳动教育，可以让孩子在实践中开发心智、锻炼体魄。在孩子步入高中之后，家长应更加侧重家庭道德教育，通过树立榜样，潜移默化地影响孩子的道德观念，并在实践中帮助孩子内化、吸收，将观念转化为行动。当然，以这个规范为前提，家长还要注意到每个孩子都有自身的特殊性、发展的不平衡性和差异性，应根据孩子身心发展的具体情况，合理调整并创新家庭教育方式。

2.4　家庭教育特点

家庭教育区别于学校教育、社会教育的独特之处。最大的特点是个别教育性。具体特点如下：（1）家庭教育时间上的天然连续性；（2）家庭教育情感的强烈感染性；（3）家庭教育对象的鲜明针对性；（4）家庭教育内容的丰富多样性；（5）家庭教育方式的机智灵活性；（6）家庭教育执行者的特殊权威性。了解家庭教育的特色，是家长进行家庭教育的基本前提。

以第三个特点，即家庭教育对象的鲜明针对性为例，家庭教育是以家庭为单位进行的，由最了解子女的家长来施教，是十分个别化的。因此，家庭教育最有条件做到因材施教。譬如狼爸虎妈的教育方法，虽遭争议，但对他们自己的孩子也许最适合，这种方法虽然不宜推广，但也不宜全盘否定。

📋 **案例**

新浪网的"新浪亲子"栏目在 2021 年 7 月 20 日登载了一篇题为《"虎妈、猫爸、狼爸"式教育的反思》的文章，该文提到很多年前就有类似狼爸的事例：冬天下着大雪，孩子不好好做作业，父亲就勒令孩子来到雪地里，坐在院子里的石磨上，孩子冒雪写作业，手冻得通红；孩子犯了错误，父亲就把孩子单独关在房里，让孩子反省。但这一家里的父子、父女关系一直很好，孩子们都能理解父亲的良苦用心，五个孩子最后都考入大学了。五子登科，在当地传为佳话。这位父亲能够把握教育中的关键点，就是最终让孩子认可自己的教育方式，让孩子认识到父亲不是刻意跟他们过不去。

2.5　家庭教育投资

用于家庭教育的人力、物力和财力的综合。但凡进行家庭教育均有一定的投资。如，为子女缴纳学费、购买玩具与书籍、游览参观、请保姆和家庭教师等。它受家长的家庭教育观念和家庭经济实力的影响。随着社会进步、家庭经济条件好转以及独生子女家庭的增加，家庭教育投资成了当前家庭消费的新热点，有些家庭为子女不惜重金聘请家庭教师，购买家用电脑、钢琴等高档用品。这是家长重视子女家庭教育的可喜表现，但应注意避免投资的盲目性和不切实际的攀比、虚荣心理。家长应从家庭的经济实力和子女发展的实际需要出发考虑家庭教育投资。

随着我国社会经济的发展以及教育体制的改革，家庭已经逐步成为教育投资的重要主体之一。这在一定程度上提高了教育质量，促进了我国教育事业的发展。但是，分析家庭教育投资现状，我们也会发现其中存在四个误区：(1)投资负担过重，理念盲目从众。为使孩子获得最好的教育资源，有些家庭倾其所有，掏空家底甚至不惜背上债务，跟风购买高价学区房；还有些家庭罔顾家庭的经济状况和孩子的智力水平、个性特征、兴趣爱好等，盲目跟风，给孩子报各种收费高昂的补习班和特长班。(2)重智力投资，轻德育投资。家庭教育投资也追求回报的最大化，能够带来较大较直观回报的智力投资备受家长青睐，他们为子女请家教、报辅导班、买各种教辅材料，甚至东拼西借地缴纳高昂的择校费，以使子女能够获得"更好"的教育。但对于孩子的道德品质的培养、劳动技能的训练等，家长较为轻视或者忽视，缺少应有的德育投资。(3)重物质投资，轻情感、时间投资。有些家长认为，只有为子女提供充裕的资金，让他们学好、吃好、穿好，才有可能实现教育目标。他们很少花时间与孩子进行深入的思想沟通和情感交流，与子女之间的隔阂愈来愈大，代沟愈来愈深，情感愈来愈远。(4)重子女投资，轻自身投资。很多家长认为，家庭教育投资即是为了让子女成才，于是对子女教育的投资成为大多数家庭教育投资的重心。就像韩愈在《师说》中所言："爱其子，择师而教之，于其身也，则耻师焉。"这些家长没有意识到自身的素养对子女的重要影响，所以自己基本不学习，不进修，对自身缺少应有的教育投资。

2.6　家庭教育档案

由家长保存的家庭教育中有关于子女身心发展的资料。建立家庭教育档案的意义有：(1)可以使子女感受到父母的艰辛、关怀和期待，从而对孩子起到激励作用；(2)可以为家庭教育提供查阅的资料，进行系统分析，进一步提高家庭教育质量。其内容包括：(1)孩子的手迹，如绘画作品、日记等；(2)孩子成长过程的观察记录材料；(3)各种成长资料，如出生证，体检表，成长照片，学习、品行鉴定，奖状等。家长建立档案应注意：(1)档案要按年代顺序整理，并附之以文字说明，便于系统地分析；(2)档案的形式可是文字、音像，也可以输入家庭电脑中；(3)档案建立后要经常翻阅，掌握孩子的发展方向和趋势，为家庭教育提供依据。

为便于家庭教育档案的记录和保存，家长可以把档案资料放到活页夹或纪念盒里，在翻阅的时候就很容易找到相关的内容。如果一个家庭有两个或更多的孩子，最好为每个孩子都单独准备一个活页夹或纪念盒。活页夹或纪念盒里保存的应该是孩子最好的学习成果材料和成长过程中最关键节点的印证材料，不需要把孩子的每一个学习成品都保存下来，也不需要把与孩子相关的每一项事物都放进来。

2.7　家庭教育评价

按照一定的标准，对家庭教育成果所进行的一种价值判断。目的是：(1)了解家庭教育的预期目标是否达到；(2)总结家庭教育过程中的成功经验和不足之处；(3)通过评价来进一步提高家庭教育的质量。可分为家庭内部评价和家庭外部评价。前者主要是从家庭教育投资与家庭教育成果间的比例来评价，后者主要是从子女的发展来衡量。家庭教育评价应把两方面的评价结合起来进行。

这种从家庭内部或外部来评价家庭教育成果的方式都是狭义的评价。从广义的角度来看，广州大学高等教育研究所骆风教授界定了可供家长或家庭教育者参考的十项评价指标：(1)家长教育观念，指家长在教育子女的根本问题上的基本看法，是家庭教育的导向和动力；(2)家庭教育内容，指家长教育孩子的基本领域，即家长从哪些方面指导或促进子女的发展；(3)家庭教育方法，指家长教育子女时采取的方式和手段，是家庭实施教育内容的手段和具体措施；(4)家庭教育策略，指在社会变迁中家庭采取的适应生存环境的改变而调整教育与学习的应对措施，可以看作家庭成员，尤其是家长对社会变迁影响家庭生存与发展的回应；(5)家庭人际关系，指家庭成员之间的亲密或疏离程度，是家庭成员的心理距离，可以说是家庭教育的通道；(6)家长道德素质，指家长思想道德发展的方向和水平，决定着家长为人处世的方向和原则，对于孩子的品德发展也有深刻的影响；(7)家长文化素质，指家长掌握人类已有科学文化的水平和潜能，文化素质既是家长从事各自职业领域工作的必要前提，也是家长教育子女所必备的先决条件；（8）家长生活素质，指家长在消费生活资料从而维持生存与发展的活动中必备的基本品质和功能水平；（9）家庭生活条件，指家庭成员掌握的物质、文化生活资料的丰裕状况，是指家庭生活所必备的经济基础，它也制约着家庭教育的内容和方式，影响着子女道德、智慧和身体的发展状况；（10）家庭生活方式，指家庭成员在一定家庭生活条件制约下形成的稳定的生活行为特征，也可以说是家庭文化的表现，它对家庭成员中未成年人的生活态度和思想道德都有深刻的影响。

2.8　母亲与家庭教育

母亲与家庭教育的关系。家庭教育中，母亲起着其他任何教育力量无法比拟的作用。心理学研究证明，儿童早期的母爱剥夺，不仅引起孩子的心理障碍，也影响其身体发育，更容易导致疾病。母亲的品德、性格等给子女的影响是全面的、最早的也是终生的。老舍先生认为，那是生命的教育。我国古代的"慈母"一词认为母亲往往是以慈爱著称，但也主张母亲对子女不能过于慈爱而忽视教诲。司马光曾有"慈母败子"之论。家庭教育中，母亲应注意：（1）努力提高自身各方面的修养，承担起教育子女的重任；（2）给予子女真正的母爱，做到严慈相济，做一个合格的母亲。

我们常说母亲是最伟大的，也正因为母亲伟大，我们在日常生活中，常常用"母亲"来比喻我们认为最重要的对象，比如把党比作母亲，把祖国比作母亲，把长江比作母亲，能够培养自己、给自己力量的东西都比作母亲。人类虽有千言万语，但只把儿时从母亲那儿获得的语言称为母语。由此可见，母亲对一个孩子的重要性是不言而喻的。

📖 案例

《云南教育》1986 年 6 月 30 日发表了一篇题为《徐霞客和他的母亲》的文章，该文讲述了徐霞客的母亲徐母的故事：徐霞客出生在江苏江阴一个没落衰微的世家，他父亲去世很早，但他有一位很好的母亲。徐母思想开朗，勤劳贤良，知书达礼，富有理想，操心着全家的经济和对子女的教育。徐霞客自小就开始听母亲讲历史故事，长大后在母亲的激励下博览群书。他从书里看到了祖国的大好河山，了解了民族的历史，使他的心胸变得开阔。这使他决定放弃科举，绝于仕途，遍游祖国的山川。每次游罢归来，徐霞客总要把异地的风光见闻一五一十地讲给母亲听，徐母总是为儿子的学识不断长进而感到高兴。后来徐母发现，儿子远游总是频频回家，当得知儿子是为了照顾自己时，她便对徐霞客说："我虽然年已老迈，但身体还很结实，你用不着惦记我。"得到母亲的鼓励，徐霞客振奋不已，开始了对祖国万里河山的游历，三十多年不避寒暑，不畏艰险，靠两条腿考察了华东、华北、东南沿海、西南云贵等17个省区，对大半个中国的地理、水文、地质、地貌、动植物等作了数百万字的游记记录。在母亲的支持下，徐霞客成为我国历史上一位杰出的地理学家和旅行家。

2.9　父亲与家庭教育

父亲与家庭教育的关系。家庭教育中，父亲起着独特的作用。我国古代社会认为父亲对子女教育具有不可推卸的责任。《三字经》称"养不教，父之过"。"严父"之称即要求父亲对子女要求严格。父亲在家庭中应有支付能力、保护能力和教育能力。称职的父亲不仅是子女学习的榜样，而且是家庭和睦、幸福的重要保障。家庭教育中父亲应该注意：（1）要分担教育子女的重任，防止"退居二线"；（2）以身作则，为子女做出表率；（3）严而不酷，以平等、民主的态度与子女交流，努力做他们的朋友。

💬 知识专栏

调查资料显示，有72%的家庭父母共同参与孩子的教育，其余近

30%的家庭父亲基本不参与。在父母共同参与教育的家庭中，又有70%家庭以母亲教育为主，父亲投入很少，只是辅助角色。

很多父亲只是在履行自己的"赚钱养家"的社会功能，忽视了重要的"教育孩子"的家庭功能。实际上，父亲在家庭教育中有着母亲无法替代的五点功能：(1)教会孩子勇敢和坚强。在家庭中，母亲更多地体现了温柔和柔韧的特点，而父亲更多地体现了勇敢和坚强的特点，这些特点会在潜移默化中影响孩子。(2)教会孩子准确的性别定位。很多事实证明，在一个父亲缺位的家庭中长大的孩子，男孩普遍缺乏男人的阳刚之气，缺乏安全感的女孩长大后容易找一个大叔做伴侣。而且这种环境下长大的孩子成家后不太懂得与另一半相处，给婚姻关系埋下隐患。(3)教会孩子理性和沉稳。母亲处理问题时一般比较情绪化，遇到事情容易感情用事；而父亲大事当前、临危不乱的形象会成为孩子学习的榜样，让孩子懂得遇到事情要稳定情绪，冷静处理。(4)给孩子广阔的社会环境。长期以来的社会发展，形成了"男主外女主内"的局面，父亲更加见多识广，能带领孩子见识到一个更广阔的世界，开拓孩子的视野。(5)让孩子更有安全感。父亲是力量的象征，在有父亲参与的家庭教育下长大的孩子更阳光，更自信，更有安全感。相反，父亲长期不在身边的孩子更容易自卑。

2.10 不同类型的家庭教育

2.10.1 单亲家庭的家庭教育

由于离异、丧偶等原因造成的只有父亲或母亲的家庭中的子女教育。单亲家庭对孩子的影响因素主要有：(1)成为单亲家庭的原因；(2)成为单亲家庭时孩子的年龄；(3)是否有其他人的支持；(4)社会对单亲家庭的态度。研究表明，与正常家庭的孩子相比，单亲家庭的孩子要承受更多的压力，因而多数单亲家庭的孩子比较早熟且懂事。因此单亲家长要注意：

（1）给孩子充分而又有理智的爱；（2）以乐观积极的态度面对家庭变故，以自身的榜样教育子女如何面对人生不如意的事，培养孩子独立自强的精神；（3）多与孩子的老师联系，请老师合作帮助孩子进步；（4）引导孩子积极参加集体性的社会活动。

除此之外，离异的单亲家长一定要做好两点：（1）向孩子耐心解释造成家庭不完整的原因。家长要坦然地面对孩子，平静地告诉孩子关于父母离异的事实，鼓励孩子勇敢地面对现实，让孩子明白自己将要开始一种新的生活。这种生活和原来相比会有一些不同，孩子需要做一些调整来适应；家庭未来的生活中还可能遇到一些困难，这需要大家共同努力去克服。但无论出现什么问题，爸爸妈妈都像以前一样爱孩子，这一点是永远不变的。（2）不要把孩子作为报复对方的武器。父母离异对孩子已经是一种打击，但父母要让无辜的孩子知道，虽然父母离婚了，孩子只和父母一方生活在一起，但不会失去父母的爱，毕竟双方都是孩子的亲生父母。父母如果把彼此之间的恩恩怨怨迁移到孩子身上，甚至把仇恨强加给孩子，不仅会给孩子带来很大的心理压力，还会使孩子长大后失去爱心。所以，父亲或母亲需要以理性和宽容来对待曾经伤害自己的人，抚养孩子的一方要允许孩子与另一方联系，不抚养的一方则要多来看望孩子，让孩子感受到爸爸妈妈虽然不在一起，但他们对自己的爱没有改变。

2.10.2　重组家庭的家庭教育

再婚夫妻对双方子女所实施的家庭教育。家庭重组，使家庭成员之间的人际关系及其角色都发生了变化，子女的家庭教育也受到了影响。重组家庭中，再婚夫妻要注意：（1）调整自己的角色形态，建立继父/母的角色意识；（2）在新家庭中建立凝聚力和归属感；（3）再婚夫妻双方配合、协调一致，注意时间、精力、物质、财务、情爱的公正平等分配，消除与继子女之间的心理隔阂，建立真挚的亲子感情；（4）承担教育责任，履行对继子女实施家庭教育的义务。

重组家庭里面的孩子从一个熟悉的环境被动地来到到另一个环境，他们的心理会比较压抑，不喜欢与外界有过多的接触；他们变得敏感脆弱，一方面希望能够获得外界的关注，但同时又排斥他人的眼光；有些孩子甚至还有较强的猜忌心理。继父/母作为孩子监护人，虽然与孩子没有血缘关系，但也要参与孩子的生活，承担起照顾孩子的责任。只要能够真心实意地照顾孩子，"精诚所至，金石为开"，继父/母同样也可以获得孩子发自内心的喜爱。这里提供四点对策以供重组家庭的家长参考：(1)引导孩子对周围环境有正确的认识。注意观察孩子的言行，及时解开其思想疙瘩，努力减轻他们的心理压力，帮助他们正视现实。对他们多关心体贴，使孩子有倾诉之处，引导其融入家庭群体中，孩子的群体生活一旦正常，许多问题就能迎刃而解。不要把孩子当出气筒，不要采取过分偏激的教育方式，多与孩子交流，关注他们的心理感受。(2)要重视对孩子进行健全人格的教育。父母要教育孩子学会宽容，学会面对亲父母离异的事实，但孩子永远是父母的至爱。要创造多边活动的环境，丰富孩子的精神生活。重组的家庭从某种意义上说也给孩子提供了磨练意志的机会，从逆境中走出的孩子，容易学有所成，有所作为。(3)积极地为孩子创造高峰体验的机会。高峰体验是一种自我实现之后内心十分满足的非常积极的情绪情感体验。高峰体验多的人，其成就感高，自信心强；反之，高峰体验少的人更容易自卑、消极、冷漠。因此，重组家庭应该注意引导孩子发展多种技能，培养其广泛的业余爱好，以便与其他人在更多方面产生共鸣，从"自卑与补偿"的角度来强化自信，淡化自卑。(4)避免使孩子受外界不良影响。长期生活在重组家庭中的孩子对外界刺激往往具有较高的敏感性，家长要采取正确的引导方法，让孩子接受外界良好的刺激，避免社会对其不良影响。此外，家长要在生活上关心孩子，在学习上多帮助孩子，在感情上多亲近孩子，在思想上多开导孩子，特别在人格上要平等善待孩子。

2.10.3 超常儿童家庭教育

家庭中家长对智力发展或某种才能显著超过同年龄儿童发展水平的子女所进行的教育。良好的家庭有利于超常儿童才能的充分发挥。它要求家长做到：（1）保持平常心，细心观察，经常沟通，了解孩子的需要和兴趣，正确评价他们；（2）开发智力要循序渐进，量力而行，不可揠苗助长，过度要求，过多干涉；（3）寻求帮助，因材施教地发展孩子的特长，满足其求知欲望和特殊需要；（4）注意孩子身心的全面发展，尤其是良好个性的培养；（5）理智地对待孩子的"名誉"并教育孩子有正确的态度，知道某方面的超常并不等于十全十美。

研究发现，尽管各种不同的家庭背景下都有可能出现超常儿童，但是在比较优裕的家庭中，出现超常婴幼儿的几率较大。这类家庭中，父母受教育的程度较高，职业条件较好，收入较稳定，生活较充裕。这类家庭为孩子的成长提供了充足而适宜的材料和活动，有良好的条件对婴幼儿进行早期家庭教育。除良好的家庭教育环境之外，超常儿童的家庭教育一般具有以下显著特点：民主的养育方式，非常重视孩子的才能培养，且能付诸实施长远的培养计划和有效的措施。

📖 **案例**

幼儿教育网 2018 年 11 月 26 日登载了一篇题为《卡尔·威特父子俩的故事》的文章，文章提到了著名的德国"神童"卡尔·威特的父亲，他虽然只是一个乡村牧师，但品德优秀，学识渊博，不仅在语言学、音乐、美术、心理学、教育学上都有极深的造诣，甚至还了解植物学、动物学、地理、历史、数学、物理、化学……他丰富渊博的知识不仅保证了对孩子的良好教育，而且其孜孜不倦的钻研精神、对事物的浓厚兴趣、对真理的追求，更为孩子树立了优秀的榜样。他还非常关心儿童教育，注意吸取前人的经验教训，对最新的科学发展和社会动态有积极的关注和深沉的思考，具有强烈的创新精神。

2.10.4　弱智儿童家庭教育

家庭中家长对智能发展明显低于同年龄儿童平均水平，并有适应性行为障碍的子女所进行的教育。良好的家庭教育有助于孩子成为有用之人，减轻家庭和社会的负担。它要求家长做到：（1）面对现实，充满爱心，接纳孩子及其特殊需要，不沮丧、不怨恨、不拒绝、不歧视；（2）尽早为孩子诊断、治疗，根据孩子的实际情况，有针对性地制定计划，坚持长期、耐心的教育训练；（3）家庭教育内容要从日常生活的训练开始，逐渐到接受简单技能的训练和文化知识的学习；（4）若孩子是轻度弱智，可把孩子送入学校接受教育，但要与老师密切联系，互相配合，提高教育效果；（5）可与别的弱智儿童家长保持联系，相互鼓励，集思广益。

此外，家长对弱智儿童家庭教育还要坚持五个原则：（1）有计划、有测评的原则。要对孩子有个别的家庭训练计划，落实计划时要有目标、有步骤、有阶段地进行。一定的阶段之后，要对训练效果进行测评，为以后的训练提供依据，变随意的、难于坚持的家庭训练为较为规范的、有明确目的的、有检查督促的、真正有效的康复过程。（2）循序渐进、逐步引导的原则。特殊儿童的发展一般要低于同年龄儿童的水平，尤其是接受能力，因此，在教育与训练中一定要制定适合个人的干预计划，要允许他们有反复，不能横向比较，更不能用粗暴的态度指责孩子。（3）一贯要求、持之以恒的原则。特殊儿童的训练是一项艰苦的工程，它需要家长既耐心细致，又要严格要求，尤其是和家长一起生活的其他家庭成员对特殊儿童的要求要一致，有时看到孩子的训练遇到困难，其他家长，特别是祖辈会包办代替，这是不可取的。（4）小步递进、适当协助的原则。特殊儿童在训练中要注意小步递进，要把训练的项目尽可能分解到最简单的步骤，便于儿童操作和掌握。同时，也要注意在必要的时候适当给予帮助。比如，在指导孩子学习自己扣纽扣或拉拉链时，我们可以先让孩子把衣服脱下来练习，等掌握一定方法后，再穿在身上练习，当孩子不能完成时，家长可以手把手地指导孩子完成。（5）多表扬、多奖励的原则。训练孩子时，要注意正面鼓励，及时表扬。表扬的方式可以是亲一亲、抱一抱，也可以伸伸大拇指、鼓鼓掌等。经常给孩子表现自己的机会，并且帮助他们成功，可以增加孩子的训练兴趣。家长要重视孩子的进步和成功，有些成功可能在其他人的眼里微不足道，但对特殊儿童来说，却是付出了很多努力的结果。

2.10.5　残疾儿童家庭教育

家庭中家长对在生理上有缺陷或有不能治愈的疾病，生存能力受限制的子女所进行的教育。它要求家长做到：（1）正视现实，充满爱心，接纳孩子及其特殊需要，不损害孩子的自尊心；（2）充分发挥残疾子女身体及其他未残部位的功能，尽量恢复残疾部位的功能，坚持扬长补短；（3）重视残疾子女自立自强意识的磨练；（4）注意与学校、社会配合，给残疾子女创造良好的学习条件，教给孩子一技之长。

父母要让残疾儿童感受更多的爱。父母对残疾儿童的爱，不仅要表现于大量的付出、生活上的照顾，更要根据他们智能健全的特点，从精神上给他们关爱、给他们支持。要使残疾儿童能及时向父母敞开思想、宣泄情绪、缓解紧张心态、消除内心的痛苦。特别当残疾儿童遇到困难和烦恼时，父母可以利用电影、电视、有兴趣的活动和变换环境等方式，转移子女的注意力，消除其内心的抑郁情绪。父母要经常鼓励残疾子女多为他人、为社会做好事，使他们获得心理的满足，提高生活的勇气和战胜困难的信心。

💬 **知识专栏**

在残疾儿童的家庭教育和训练中，如何扬长补短呢？盲童多善思考，抽象的逻辑思维能力的潜力很大，记忆力强，父母要予以教育引导，教他们多听音乐、听广播、听故事，发展他们的抽象逻辑思维能力，发挥其特长，建立其信心；聋哑儿童一般视觉、触觉发展良好，动手能力也强，父母可教他们学手工、绘画，改善其自卑心理，树立其自强、自尊、自信的良好心态；父母还要利用他们健全肢体的代偿作用，帮助其树立"身残志坚"的思想观念，形成健康向上的心理品质，发挥出他们的优势。

如何帮助残疾子女树立自立自强的意识？一般来说，残疾儿童智力因素没有缺陷，但他们容易在非智力因素的某些方面出现偏差，特别严重的会产生心理问题。因此，父母在家庭教育中，对残疾子女施以必要的心理卫生保健教育非常重要。父母要帮助残疾子女克服自卑心理，学会心理的自我调节，使他们看到自己的长处和优势，相信自己的知识和力量，增强自信心，敢于面对现实，不断奋斗；父母还要鼓励子女进行各种实际锻炼，提高能力，控制情绪，保持平衡心态；父母还特别需要创造条件，鼓励残疾子女扩大社会交往，参加各种实践活动，培养广泛的兴趣爱好，发扬自主精神，培养独立生活的能力和开朗豁达的性格。

对于残疾儿童，家庭教育的最终目的是要尽可能地帮助他们克服生理缺陷，掌握赖以生存的技能和技巧。因此，家长要注意对残疾子女操作能力的培养。通过引导残疾子女参加力所能及的劳动，对残疾子女采取扬长避短的方法，加强培养训练的针对性，为他们日后的择业打好基础。例如培养盲童的按摩、推拿技术，使其未来可从事按摩医疗工作；培养聋哑子女的手工编织、绘画、缝纫等技能，使其获得一技之长；肢体残疾儿童可根据个人残疾情况选择适当的手工操作技能或心智技能。只有家长重视对残疾子女技能的培养，才能使他们自立于社会，从事有利于家庭和国家的职业。

2.10.6　中国传统家庭教育

中国传统家庭中家长对子女所进行的教育。特征如下：（1）家庭教育目标是将子女培养成合乎祖先愿望、继承祖先遗志的光耀祖先的后代；（2）家庭教育内容丰富、广泛，主要是道德行为品质和良好生活习惯的养成，如仁义礼智信、温良恭俭让及洒扫应对等，"家学"的传递也是家庭教育的内容；（3）在家庭教育原则、方法上，提倡早期教育，强调家长的权威以及以身作则，也讲究孩子的躬行实践，体罚也是常见方法。中国传统的家庭教育在传递优秀文化、传统美德方面有许多有益的经验，且至今仍有影响。家长对此应持批判地吸收的态度，取其精华，去其糟粕，为我所用。

　　中国家庭教育传统的精华主要体现在三个方面：（1）重视家庭教育，把教育子女视为自己不可推卸的责任，甚至把"齐家"和"治国""平天下"相提并论；（2）把对子女的品德教育放于家庭教育首位，认为良好的思想品德是做人、立世的根本，勉子立德、诫子自立、教子孝亲、训子以俭成为家庭教育的重要内容；（3）注重家庭环境、家庭风气对子女的影响，注重环境的教育作用和家庭中长辈的榜样示范作用。这些优良的家庭教育传统在中国多数家庭中长期占据着主导地位，对中国人才的培养、社会的发展和历史的进步都起到了积极作用。

　　中国家庭教育传统的糟粕也有三个方面：（1）充斥着比较浓郁的功名思想，认为家庭教育的目的就是为了获取功名、光耀门楣，古代家庭把科举考试、现代家庭把考大学作为子女的唯一出路；（2）在亲子关系上强调"父为子纲"，强调家长意志，强调子女对父辈的绝对服从，甚至不惜使用家庭暴力来维护家长的权威，忽视子女的个性特征和个体价值；（3）重男轻女的思想观念。这些不良的家庭教育传统对中国的部分家庭影响深远，是很多家庭悲剧产生的根源，迄今在一些家庭中依旧存在。随着社会的发展和时代的进步，我们应该予以摒弃。

2.11　家庭教育现代化

　　家长适应现代化社会的要求，对子女所进行的现代化的家庭教育。其特征有：（1）家庭教育观念的现代化，即家庭教育应注重人的素质的全面提高，并使个体的价值发展与社会进步相一致。（2）家庭教育任务和内容的现代化，具体包含：①改培养子女自谦为培养子女自主、自信、勇于竞争、富于进取、乐于改造；②克服子女依赖心理，培养子女独立性以及对社会、家庭及自我的责任；③培养子女的爱心，即由爱父母推及爱同类及自然之物以至一切美好的事物。（3）家庭教育方法的现代化，具体包含：

①倡导民主、平等的家庭作风；②消除溺爱和专制；③鼓励和沟通；④利用现代化的教育媒体和工具。家庭教育现代化的各个方面要互相协调、相互配合，要强调家庭教育整体现代化。

伴随工业化、城镇化、信息化和网络化时代的到来，传统社会与传统家庭正在经历一个历史性的重构过程。以大家族为纽带的传统家庭教育，正在越来越多地向以小家庭为核心的现代家庭教育转变；家庭教育现代化正在经历一个过程融合与嬗变过程。在这个过程当中，教育思想/观念的现代化是教育现代化的先导，是家庭教育现代化的理论基础。要树立以人为中心的发展理念，尊重每一个家庭成员；构建并形成现代家庭教育法律意识和法律思想，在不侵害家庭教育隐私权的基础上，为家庭教育创设良好的法律环境。教育科学研究部门要加强现代化家庭教育理论研究，探索和总结具有中国特色的家庭教育成功案例，提炼先进的理念和符合时代要求的家庭教育思想。

此外，家庭教育在组织、分工与功能上的变化和提升，正是家庭教育现代化必不可少的过程。从家庭教育发展历史分析，家庭教育功能经历了全家庭教育、强家庭教育、弱家庭教育和合作家庭教育四个阶段的演变和发展。全家庭教育是大家庭结构下的产物，大家庭中全体长辈成员都自觉地参与到对晚辈的教育行动当中。随着核心家庭不断增多，强家庭教育是指在家庭教育中父母在对子女的教育中起主导作用，这个阶段的父母由于受传统思想的影响，在教育子女时强调家长权威，强调子女对家长言听计从，忽视了子女的个性特征。而在弱家庭教育阶段，尤其是在独生子女家庭，父母注重因材施教，尊重孩子的兴趣和爱好，重视发展孩子的特长，有的父母对子女的教育甚至采取无为而治的态度。在合作家庭教育阶段，父母和子女之间构建出和谐民主的平等关系，父母重视对子女的教育，同时也尊重子女的个性和选择。现代化社会家庭向小型化发展，家庭成员及家庭教育活动层级更加简单、更加直接、更加高效。现代化家庭教育能力是一种综合能力，需要学校教育、社会教育、家庭教育有机结合。

💬 知识专栏

2019 年起，中国教育部基础教育司实施家校协同育人攻坚计划，促进家校的有机结合，使家庭教育、学校教育、社会教育目标一致，形成合力，达到事半功倍的育人效果。

2.12 家庭、学校、社会一体化教育

家庭、学校、社会对孩子的教育相互配合，形成完整、协调的教育系统工程，使孩子始终能在良好的教育环境中顺利完成社会化过程。家庭、学校、社会作为影响孩子成长的三大外部因素，对其负有共同的教育责任。三者既各有侧重，又相辅相成。只有家庭、学校、社会实现一体化教育，才能发挥最大的教育合力，更有效地促进孩子的健康成长。

在这三者当中，家庭就像孩子的第一所学校，家长是孩子的第一位老师，在孩子的学习之路上起着启蒙作用，对孩子的品德、习惯的形成有决定性的影响。而学校教育在青少年成长过程中有着主导的作用，学生的人生观、价值观、世界观都在这个阶段形成，学校承担着正确引导的任务。社会教育在青少年成长的过程中有着补充的作用，随着社会经济的不断发展，科学技术和信息技术日新月异，学校的教学模式已经不能满足学生的学习要求，社会应该对青少年有针对性地开展相关活动，吸引青少年参与其中，从而最大程度地促进青少年的健康成长。学校和家庭充分利用社会的教育资源，在节庆日、寒暑假开展学生喜闻乐见的、健康向上的活动，丰富学生的课余活动，使青少年学生在潜移默化中受到教育熏陶。

2.13 家庭教育学

研究家庭教育的规律和特点以及家庭如何实施教育以促进子女健康成长的学科。它是一门边缘学科，与教育学、社会学、心理学、生理学、伦

理学、法学等多门学科有密切联系。主要研究：(1)家庭教育的对象、任务和意义；(2)家庭教育的产生与发展；(3)家庭教育的一般规律与特点；(4)影响家庭教育的因素；(5)家庭教育的基本内容与方法；(6)家庭教育的指导方法；(7)特殊家庭与特殊儿童的教育；(8)国内外家庭教育的研究状况。

正确认识并总结先进的教育方法，对促进孩子健康成长、提高未来人才的素质具有很重要的现实意义。我们应该在弘扬中华民族五千年灿烂文明的同时，吸取西方国家的民主、开放的家庭教育观，自觉转变家庭教育中的落后观念，拓展家庭教育的领域，丰富家庭教育的内容，改善家庭教育的手段、途径和方法，熔铸古今，汇通中西，我们才能培养出优秀的下一代。

📝 思考与讨论：

1. 家长如何树立正确的家庭教育观？
2. 家庭教育规律有哪些基本内容？
3. 父亲和母亲在家庭教育中各有什么独特的作用？
4. 家庭教育现代化的基本特征是什么？
5. 家庭、学校、社会如何实现一体化教育？

第三章　家庭教育类型

📝 **本章学习目标**

通过本章的学习，读者应了解和掌握下列内容：

- 当代中国国家教育目的和家庭教育目的
- 当前我国家庭教育的基本任务
- 家庭教育类型所包含的八个方面的内容
- 家庭社会性教育缺失所带来的弊端
- 幼儿家庭安全教育主要包括的内容

3.1　家庭教育目的

通过家庭教育活动及过程把子女培养成什么样的人。它是家庭教育的指导思想、出发点和归宿，具有客观存在性。家庭教育目的受社会发展和人的发展的需要等因素的制约。具体到一个家庭，还要受到家庭的根本利益，家长的思想、文化素质、职业、兴趣、经历、对社会生活的体验和家庭所处的社会环境、子女的特点等因素的影响。但总的来说，家庭教育目的应该服从整个国家的教育目的。

在中国古代社会，不同家庭由于社会地位不同、价值观不同，其具体教育目的往往也不尽相同，但一般不外乎三点：（1）以品学为目的。品德修养和读书进取是家庭教育的基本目的，在两者之间，品德修养居第一位，读书进取居第二位。正如明代学者姚舜牧在《药言》中所言："世间极占地位的是读书一著。然读书占地位，在人品上，不在势位上。"（2）以功名为目的。"读书做官"的观念在汉代就形成了，科举制度建立之后，使得"朝为田舍郎，暮登天子堂"成为事实，而要改变自身的社会地位，读书求功名是最便捷的途径。所以以功名为指向，进而光宗耀祖，在中国古代家庭中就很有普遍性。（3）以谋生传家为目的。传统中国也有不少家庭对子女的教育比较务实，不太在乎仕途功名，而是很实在地将教子目的定位于学到一技之长，以便孩子将来能谋生糊口。

在当代中国，国家的教育目的是培养有创新精神和实践能力的人，是培养有理想、有道德、有文化、有纪律的人，是培养德、智、体、美、劳全面发展的社会主义事业建设者和接班人。家庭教育的目的也应该以此为指南，应该促进子女身心全面发展，以便将来能适应社会且能促进社会发展。

3.2 家庭教育任务

家庭教育所要达到的具体标准。它由家庭教育目的所决定，又为实现家庭教育目的服务。家长明确家庭教育任务，是家庭教育取得成功的保证。针对不同年龄阶段的子女，家庭教育的任务也不尽相同。当前我国家庭教育的主要任务有：（1）培养子女良好的品行和健康的体魄；（2）促进子女的社会化，培养其良好的个性；（3）培养子女良好的行为习惯与学习习惯；（4）培养子女感受美、鉴赏美、创造美的情趣和能力。家庭教育任务与学校教育任务，既有共性也有个性，只有相互配合，才能完成好教育子女的任务。

关于良好的道德品行的培养，正所谓"德行天下"，古今中外教育人士都将"德"放在重要位置。

📋 **故事：**

美篇网 2020 年 1 月 11 日登载了一篇题为《不善长跑的士兵得了第一名》的文章，该文提到一个士兵非常不善于长跑，所以在一次部队的越野赛中很快就远落人后，一个人孤零零地跑着。转过了几道弯，遇到了一个岔路口，其中一条路，标明是军官跑的；另一条路，标明是士兵跑的小径。他停顿了一下，虽然对军官连越野赛都有便宜可占感到不满，但是仍然朝着士兵的小径跑去。他没想到过了半个小时后到达终点，而且名列第一。他感到不可思议，因为自己从来没有在跑步中取得过名次，但主持赛跑的军官笑着恭喜他取得了比赛的胜利。过了几个钟头后，大批人马到了，他们跑得筋疲力尽，看见他赢得了胜利，也觉得奇怪。但是，大家突然醒悟过来，明白了事情的原委。部队就这样给士兵们上了很好的一堂德育课，在岔路口诚实守信，该是多么重要。

关于良好的行为习惯的培养，孔子曾说过："少成若天性，习惯如自然。"小时候养成的习惯会像人的天性一样自然、坚固，甚至就变成了人的天性，至于以后所取得的成功、所创造的奇迹，都是由小时候形成的习惯支撑的。我国著名教育家叶圣陶先生更是直接表明："教育就是养成良好的行为习惯。"

📋 **案例**

豆丁网 2016 年 3 月 27 日登载了一篇题为《诺贝尔奖获得者的故事》的文章，该文提到 1987 年 75 位诺贝尔奖金获得者在巴黎聚会。有人问其中的一位："您在哪所大学、哪个实验室学到了您认为最重要的东西？"出人意料的是，这位学者回答说："是在幼儿园。""在幼儿园学到些什么？"学者答道："把自己的东西分一半给小伙伴们；不是自己的东西不要拿；东西要放整齐；吃饭前要洗手；做错了事情要表示歉意；午饭后要休息；要仔细观察周围的大自然。从根本上说，我学到的全部东西就是这些。"

3.3　家庭教育类型

家庭教育的内涵宽广，内容复杂，为了达成家庭教育目的，完成家庭教育任务，我们通常把家庭教育所涵盖的主要内容按照以下八个方面进行分类。

3.3.1　家庭健康教育

家庭中为促进子女身体正常的生长发育，增强体质所进行的教育。健全之精神寓于健康之身体，孩子身心的全面发展首先要求有健康的身体素质。幼儿家庭健康教育主要包括：(1)科学、合理地安排子女的饮食营养；(2)引导子女饮食定时定量，不挑食、厌食，培养其良好的饮食习惯；(3)引导子女起居有规律，注意劳逸结合，培养良好的生活习惯；(4)保证子女的安全，防止发生意外伤害事故，培养子女自我保护能力；(5)引导子女参加户外活动，进行各种体育游戏，培养其锻炼的兴趣与习惯；(6)教给子女初步的卫生保健知识，懂得讲究卫生、预防疾病，有病及时治疗；(7)注重子女的心理健康，培养其良好的心理素质。

随着中国社会、经济的日益发展，大多数家庭对孩子的身体健康比较注重，但容易忽视孩子的心理健康。知名的专业育儿网站"亲亲宝贝网"中有一篇题为《父母如何注意儿童的身心发展健康》的文章，该文提及一位儿童心理专家曾进行了长达 8 年的研究，对一万多名经济条件不同的儿童进行了调查，得出的结论是：绝大多数儿童对吃、玩、用的东西都不大关心，普遍重视的竟是家庭气氛和精神生活，都希望父母能做到以下几点：不要吵架、对待兄弟姐妹要一视同仁、说话不要失信、要互相谦让而不要彼此责怪、要维护儿童的自尊心、要欢迎来家做客的小朋友、要有适当的家庭文娱活动、节假日要给儿童玩的时间、言行不对的时候要接受儿童的批评、要少发脾气、要多一点微笑。

这些可以说是儿童们的共同心声，他们对精神生活、充实心灵的需要比对物质条件、经济生活的要求更强。他们希望有个融洽和谐、宽容民主、活泼有爱的家庭，他们讨厌气氛沉闷、感情贫乏、专横独断、嘈杂烦躁的家庭环境。兴趣和愉快是人的最主要的两种积极情绪，家长们要有意识地为儿童创造良好的家庭环境，形成一种愉快的家庭氛围，依其自然赋予的素质，让儿童在快乐中学习并成长，一定会培养出身心健康的孩子。

3.3.2　家庭社会性教育

家庭中为促进子女的社会化，培养其社会性所进行的教育。社会性发展是人的全面发展的组成部分。家庭是孩子最早进入的一个社会场所，它在培养子女的社会性方面有独特作用。家庭社会性教育主要包括：(1)帮助孩子形成良好的自我意识，培养其自我角色认知能力、自信心和自制力；(2)教给孩子初步的家庭生活知识，培养其生活自理能力；(3)教给孩子初步的社会知识和社会生活知识，培养其社会生活意识和社会生活能力，如独立自主、群体意识、环境意识、竞争意识、效益意识、开拓意识、合理消费意识；(4)引发孩子与他人交往的意识，学习人际交往的规则和基本技能，如尊重他人，关心他人，讲文明礼貌，懂得分享、合作、互助。

家庭社会性教育的缺失会带来很多弊端。自 1983 年计划生育国策推行到 2016 年二胎全面放开的 33 年间，中国家庭独子化、少子化逐渐盛行，形成了缺乏同辈手足交流互动的当代中国式家庭环境。尤其是新生代 90 后、00 后、10 后，他们在社会交往中往往迁移家中父母长辈对自己众星捧月式的关爱，期待被迁就和被关注。

对于孩子出现的社交认知问题，父母可以从以下三个方面进行引导和纠正：(1)在家里创造阅读条件，通过孩子的自我教育和亲子互动教育来实现。比如，给孩子提供一些关于同龄人之间的故事的文学作品，通过让孩子阅读以及亲子讨论的方式，让孩子了解同龄人校园生活和家庭生活的点滴，让孩子知晓人和人之间正确的相处模式，进而引导孩子形成正确的三观和社会人格。（2）利用晚上共进晚餐的家庭团聚时光，通过闲聊父母和他人的生活轶事，在描述和评论的感情倾向和语言表达中，引导孩子树立正确的认识，在潜移默化与日积月累中，让孩子逐渐形成正确的价值观、人生观、社会观。（3）注重言传，更注重身教。父母通过在家庭成员、亲朋好友、邻里街坊之间的社交模式为孩子做正确的示范，甚至让孩子参与进来，让孩子在观察和行为中认知和习得协作、利他、自觉等社会性。

3.3.3 家庭智能教育

家庭中为促进子女智能发展所进行的教育。它是学校教育的补充，家庭智能教育主要包括：（1）引导孩子探索、发现周围环境中的事物及其联系，培养其学习的主动性、积极性；（2）引导孩子学习入门的自然科学、社会科学知识，开拓其知识视野；（3）通过各种认知活动培养孩子的感知力、思维力、口头表达能力和创造能力；（4）做好入学学习准备。家庭智能教育中，家长要防止以下错误做法：（1）重知识学习，轻智力培养；（2）重智力因素培养，轻非智力因素培养；（3）幼儿家庭智能教育小学化，任意加重孩子的学习负担。

这其中，幼儿家庭智能教育小学化的现象比较普遍。幼儿家庭智能教育小学化就是家长把小学的内容提前给孩子学习，而这些内容基本都高于孩子认知、思维和动作发展的水平，这种拔苗助长的方式违背了教育规律和孩子成长规律，有碍于孩子的发展。在孩子不同的阶段，家长应该给予适合他们身心发展的内容，这叫教育的适宜性。孩子从幼儿园到小学再到中学，每一阶段的学习内容前后衔接，一起构成了大教育体系。如果提前让孩子接受以后的学习内容，就会打破这个系统，孩子就要应付大量的学习任务，诸如写字、算术、抄写等，没有太多时间玩游戏，这些经历会产生不良的后果，会使孩子提前厌学。孩子的童年应该在游戏中成长，在游戏中学习，在游戏中充满欢声笑语，在游戏中留下成长的足迹。对孩子来说，这就是最大的幸福，成人不能因为一己私利而夺走孩子的幸福。

3.3.4　家庭审美教育

家庭中为培养子女感受美、鉴赏美、创造美的能力与情趣所进行的教育。审美教育在人的身心全面和谐发展中起着不可替代的作用。幼儿家庭审美教育主要包括：（1）引导孩子关心周围生活中美好的事物，培养其审美兴趣和爱好；（2）引导孩子体验和欣赏自然美、社会美和艺术美，培养其敏锐的审美感受能力和初步审美评价能力；（3）引导孩子在日常生活中表达美和创造美，培养其审美表现和审美创造能力；（4）引导孩子参加生活中的音乐、美术、文学等各种艺术实践活动。

此外，家长还应增强家庭的艺术气氛。我们从许多艺术家的成长历史中可以看到，家庭环境的熏陶是非常重要的：东汉杰出的女诗人蔡文姬"妙于音律"，同她从小生长在诗乐家庭中是分不开的；奥地利莫扎特的父亲是一个很有才华的宫廷乐师，莫扎特成为著名的作曲家，同父亲的影响有直接关系；我国著名京剧大师梅兰芳的孩子梅葆玖受父亲影响，长大后也成为京剧艺术家。

为了培养孩子的审美素质，家长应当有意识地在家中播放优美的音乐，摆放漂亮的艺术品，使孩子和艺术生活在一起，能够不断地从中受到无形的影响。有艺术才能的家长，可以经常在家中弹奏名曲，挥毫泼墨，这更容易使孩子激动不已，跃跃欲试。

🗐 **案例**

《光明日报》2017 年 8 月 16 日登载了一篇题为《美育，俄罗斯的素质教育之花》的文章，该文提到今天的俄罗斯如同苏联时期一样，无论是成年人还是学生，由于长期接受来自家庭、学校和社会的美育和熏陶，因此普遍具有审美的能力和自觉性。在俄罗斯的很多家庭里都有着浓厚的艺术氛围。去俄罗斯人家里，入门第一眼常常能看见走廊里的油画，随后就会发现几乎每一个房间都有一幅画，它们与壁纸、家具配色和谐，温馨幽雅。每家都有一个小小的收藏角，那里摆放着主人最喜欢的物品或是父辈留下来的"传家宝"。每家客厅的展示柜里都摆放着一些艺术品，它们或许并不贵重，但一定十分赏心悦目，与整个房间很搭配。

孩子们的审美意识、观念和能力总体来说是在孩子 7 岁前形成的，因此，家庭影响十分重要。当然，家长要明确，家庭审美教育的目的在于提高子女的审美修养，不能将美育等同于艺术技能训练，也不能以自己的兴趣代替子女的兴趣。

3.3.5 家庭安全教育

家庭中为防止意外事故发生而进行的人身安全方面的教育。其目的是获得安全知识，强化安全意识，培养孩子的自我保护能力。幼儿家庭安全教育主要包括：(1)不做危险动作；(2)不靠近危险区域；(3)安全使用玩具和用具；(4)懂得玩火、碰电、玩开水的危险性，不玩火柴，不玩电插头，不拨弄煤气开关；(5)不吃陌生人的东西，不让陌生人接触自己的身体，不跟陌生人走；(6)懂得基本交通规则，不闯红灯。家长在精心照顾孩子、做好预防工作的同时，要结合日常生活对孩子进行随机教育，使孩子避开危险，防止发生意外事故。

"品才网"的"幼儿教育"专栏有一篇题为《幼儿家庭安全教育常识》的文章，该文将家庭安全教育做了比较细致的梳理，分为以下三类：(1)居家安全。家中照明设备应充足，以免视线不良发生碰撞危险；家中的器具应注意清除锐角或突出物，以免发生意外创伤；不让幼儿在厨房中逗留玩耍，以免被热水或热油烫伤；危险物品需放置在幼儿无法拿到的地方；不要让幼儿将塑料袋套在自己的脑袋上或用绳索套自己的脖子，以免幼儿窒息；不能让幼儿在无人陪伴的情形下使用电器，以免触电；避免儿童独自一人留在家中。(2)游戏安全。教导幼儿在跟别的小朋友一起玩耍游戏时，应和睦相处，不可有吵架及扭打行为；为幼儿选购玩具时，要选择有安全标识的玩具；玩大型玩具滑梯时，要教育幼儿不拥挤，前面的幼儿还没滑到底及离开时，后面的孩子不能往下滑；玩秋千架时，要教育幼儿注意坐稳，双手拉紧两边的秋千绳；玩跷跷板时，教育幼儿除了要坐稳，还要双手抓紧扶手；玩中型玩具如游戏棍时，教育幼儿不得用游戏棍，去敲打其他幼儿的身体，特别是头部；玩小型玩具如玻璃球等时，教育幼儿不能将它放入口、耳、鼻中，以免造成伤害。(3)走失风险。教导幼儿熟记自己及爸爸妈妈的名字、家中电话及地址，学会拨打110急救电话；不要让幼儿独自一人待在家外任何地方，不可乘坐陌生人的车辆；教导幼儿不要随便拿陌生人的东西，不吃陌生人给的食物，不协助陌生人做任何事情；教导幼儿在接听陌生人的电话时，不可让陌生人知道家中的情形。

3.3.6　家庭性教育

家庭中对子女所进行的明确性别角色意识、认知性器官、了解生理、掌握性卫生常识、造就健康的性心理和梳理正确的性道德观念的教育。幼儿家庭性教育包括：(1)帮助孩子逐渐形成正确而恰当的性别角色；(2)讲解一些初步的性知识，给孩子以科学、正确的性启蒙教育；(3)简单、真实、自然、大方地回答孩子提出的有关性的各种问题。良好的性教育可使孩子对性自身的认识及性的外部联系有全面正确的知识和理解，还可帮助孩子成年后和在未来的婚姻生活中正确面对性问题。

受传统观念的深刻影响，许多家庭的性教育内容及方式处于空白状态。而家庭性启蒙教育的缺乏，或教育内容跟不上孩子青春期身心的发展变化，就会致使孩子不能抵制社会大量性信息的影响，其行为难免产生偏离、越轨的倾向，性犯罪就是其中的突出表现。有的家庭即使想对孩子进行性教育，也多是"犹抱琵琶半遮面"，这样反而会强化孩子对性的神秘感、好奇心，易诱发不良行为。

家庭对于孩子的性教育，可以说从他一出生就开始了。在孩子出生之后，家长在孩子的取名、着装、生活用品的选择上都不应混淆性别，以免孩子从小对自己和他人形成性朦胧意识，从而影响孩子的性取向。有些家庭按照父母所期望的性别，有意地把女孩扮成男孩，或将男孩扮成女孩，这样做都会影响孩子的性自认，导致后来性格和行为的负面变化。

💬 知识专栏

　　面对孩子有关性方面的提问，父母不应回避，应根据孩子在不同年龄段的发育状况和接受程度，循序渐进地选择孩子能理解、能接受的言语和方式予以解答，使孩子的好奇心和求知欲得到满足。家长还应把性教育贯穿在日常生活中，如在孩子的洗澡、着装、修整发型及玩具选择等方面要有明确的性别区分。家长还可以通过书报、画册、影视、故事等方式去引导孩子观察动物、植物的生长和繁殖，使孩子对生殖有一种自然的认识，从而使他们接受大自然，热爱人类，认识生命本质。

3.3.7　家庭情感教育

　　家庭中为培养子女健康正常的情感而进行的教育。健康正常的情感是孩子身心全面发展的重要表现。幼儿家庭情感教育包括：(1)关心和满足孩子的情感需要；(2)帮助孩子学会表达和控制自己的情感；(3)培养孩子积极的情绪；(4)培养孩子美好的高级社会情感，如道德感、理智感和美感。实施情感教育时，家长应注意：(1)与孩子建立亲密的情感关系，营造良好的家庭情感气氛；(2)了解孩子的情感需要；(3)提高自己的修养，培养自己的积极情感，为孩子树立榜样；(4)防止采用极端情绪化的教育方式。

　　除此之外，家长还应该有三点认识：(1)孩子的情感具有多元性。国内外的许多研究资料表明：孩子在幼儿时期有多种情感需要，这些情感包括爱与被爱的需要、归属集体的需要、摆脱过失感的需要、克服胆怯的需要等。这些情感需要的满足，对于成长发育中的孩子来说十分重要的。(2)培养孩子情感是一个长期的过程。这个过程甚至漫长到家长和孩子共处共存的每一天，在这个过程中，家长要在家庭情感培养时能够做到爱而有度，严而有情，张驰相继，宽严相济，从而促进孩子多元情感的养成。(3)家庭情感教育不能脱离学校、社区的教育。家长要把家庭情感教育和学校、社区教育结合起来，使孩子能得到家庭、学校、社区的关爱，同时产生对家庭、学校、社会的责任感。

3.3.8　家庭亲情教育

家长对子女所进行的正确对待家庭中其他成员的教育。目的是培养子女对家庭的责任感和义务感。主要内容有：(1)爱亲；(2)敬亲；(3)助亲。实施家庭亲情教育应注意：(1)制定合理的、长幼有序的家庭规范；(2)家长以身作则，为子女提供学习的榜样；(3)为子女创设实施亲情的机会；(4)教育子女不能因亲情而违法。

这里重点谈谈家庭亲情教育中的第三点"助亲"以及家长如何为子女创设落实助亲行为的机会。

💬 **知识专栏**

"百度文库"收录了一篇题为《培养孩子家庭责任感》的文章，该文中提到，在家庭生活中，有62%的家长包揽了许多本应该孩子去想、去做、去负责的事情，有59%的孩子不愿主动为父母分担力所能及的家务劳动，更有73%的孩子根本不了解什么是家庭责任感。因此，通过助亲活动来培养孩子的责任感意义重大。

助亲活动要落到实处，家长必须转变观念，要把孩子当作与自己地位平等的人，而不能总把他们当作什么事情都不懂、什么事都不用做的小孩子。家里的一些事情，无论是否与孩子直接有关，都可以让孩子发表一下意见，让孩子帮着出谋划策，对孩子提出的好建议要积极采纳并加以表扬和鼓励；家里的家务活也要有一个明确的分工，爸爸应当做什么，妈妈应当做什么，孩子应当做什么，一家人要事先商量妥当，孩子可以少承担一些，但家长决不能因为怕耽误孩子的学习而全部包揽；家长还可以在孩子寒暑假期间让孩子当家，这期间家里大大小小的事情，只要不会给家庭带来较大的经济损失和惹来较大的麻烦，都可以由孩子来做主，都可以由孩子来安排，孩子从自己当家的经历中能够学到许多；家长在让孩子做事或主事的时候，一定要沉得住气，一定要学会等待，一定要能够容忍孩子的不完美，决不能因为孩子床铺叠得不整齐、书桌收拾得不够利落、袜子没有洗干净、清扫地面丢三落四等而越俎代庖；助亲活动在实施或结束之后，家长应给予相关的评价，评价以鼓励为主，找出孩子的进步加以肯定，多说"玩具整理得很好""鞋子摆放得很整齐""真是妈妈的好帮手"等表示赞美的语句，不要一味地挑剔孩子的缺点。

📝 **思考与讨论**：

1. 当代中国国家教育目的和家庭教育目的分别是什么？

2. 当前我国家庭教育有哪些基本任务？

3. 家庭社会性教育缺失会带来哪些弊端？如何从源头上根除这些弊端？

4. 幼儿家庭安全教育主要包括哪些内容？

5. 父母对孩子的性教育需要注意哪些事项？

第四章　家庭教育内容

📝 **本章学习目标**

通过本章的学习，读者应了解和掌握下列内容：

- 家庭教育包含的八个方面的内容
- 家政教育的基本内容
- 家长对孩子进行日常生活劳动教育时应注意的事项
- 幼儿入园和儿童入学之前家长应做的准备
- 家庭教育环境包含的内容

教育是一个大体系，这个体系的构建有三个基本要素：家庭教育、学校教育和社会教育。这三个要素之间彼此联系，互相制约，目标一致，相辅相成，但教育内容不尽相同，各有侧重。相对学校教育和社会教育而言，家庭教育内容主要包括八个方面：(1)家政教育；(2)日常生活劳动教育；(3)生活制度；(4)入园准备；(5)入学准备；(6)假期生活安排；(7)电视收看指导；(8)家庭教育环境。

4.1　家政教育

人们为提高家庭生活质量所进行的教育。目的是从精神和物质两方面提高家庭生活质量，促进个人健康发展和家庭的稳定、幸福，从而推动社会进步与繁荣。家政教育涉及家庭生活的各个方面，如家庭人际关系、家庭管理、家庭经济、家庭衣食住行、家庭保健与卫生、家庭教育、家庭工艺和生活礼仪等。其教育方法为理论知识学习和实际操作相结合。家政教育在中国古代是以母亲传授给女儿的方式进行的。现代社会是通过家庭、学校、社会教育三结合的方式进行的。随着生活水平的提高，人们对家政教育越来越重视。

上文已经说过，家政教育包含的内容十分广泛，这里仅以当代中国家政教育中相对薄弱的一个环节——理财教育——来说明。

🗨 知识专栏

知乎官网的"教育·理财·儿童教育"栏目有一篇题为《中国孩子的理财教育和国外的差别有多大?》的文章，该文记载：中国的孩子上大学后，80%以上的孩子经济上都要依靠父母资助生活费和学费，韩国的比例是70%，日本的比例是34.8%，而美国的比例只有13.8%。再调查不同国家的大多数家庭的理财教育理念，中国的是"好好读书，钱家里有"，日本的是"小鬼当家方知柴米贵"，英国的是"能省的钱不省很愚蠢"，美国的是"要花钱打工去"。

正因为中国家庭理财教育意识不强，学校又认为理财教育不在自己的教育范围当中，这就难免导致中国孩子的理财能力相对较差。

📋 案例

留学网2020年2月21日登载了一篇题为《美国家长如何教育孩子理财》的文章，该文提到美国父母希望孩子早早就懂得自立、勤奋与金钱之间的关系，把理财教育称为"从3岁开始实施的幸福人生计划"。大多数美国家庭对于儿童理财教育的要求是：3岁能辨认硬币和纸币，6岁具有"自己的钱"的意识。美国很多小孩在父母的鼓励下会将自己用不着的玩具摆在家门口出售，以获得一点收入，这能使孩子认识到：即使出生在富有的家庭里，也应该有工作的欲望和社会责任感。美国家长们有一句口头禅："要花钱打工去！"因此，大多数美国孩子习惯打工，小至在家洗碗、扫地或帮邻居做临时保姆，大到去做兼职等，只要是可以赚钱的活儿，家长都会鼓励孩子去做。康奈尔大学约翰博士有 4 个孩子，每个孩子出生时，他都拿出 1000 美元，为他们分别立了户头，然后，在孩子还不懂事时，帮着他们保管各种各样的"属于他们自己"的钱，包括孩子从亲戚朋友处所得的礼金、孩子的工作所得、奖励所得，以及每月父母给孩子的固定投资的收益等。当钱存到够买一股或两股股票时，他们就为孩子购买股票。4 个孩子自小到大见证着户头上资金的数字在不断变化并明了变化的原因，日积月累，当孩子年满 18 岁时，户头上的资金就可支付昂贵的学费。

美国的家庭如此，美国的学校也重视"钱"的教育，学校认为这是把孩子从"象牙塔"中"请"到社会现实中来的一个途径。

📋 **案例**

环球网 2017 年 1 月 1 日登载了一篇题为《美国家长如何教孩子理财》的文章，该文提到美国学校经常有同学们自由组合，组成各种各样的"公司"，在同学、老师间做生意，看谁能赚更多的钱。孩子们的"公司"或是白手起家，或是自筹资金，或是若干个孩子组成一个"工贸"性质的公司。他们各有自己的角色，有的当工人，有的当设计人员，有的当管理人员，公司内部用虚拟货币流通，把个人的工作角色同报酬联系起来。学校里还会举办真正的拍卖会，拍卖物都是孩子联系各个赞助公司得来的，学校允许学生把拍卖的资金换算成自己的成绩。学校在开展这些活动的时候很注意让孩子们学习社会上的"生存竞争"的技巧，也让孩子看到社会竞争残酷的一面。这样，有关"钱"的教育也就随之进入另一个层次，即把"赚钱"的行为演绎得更加贴近生活。

4.2 日常生活劳动教育

在家庭日常生活中对孩子所进行的劳动教育。孩子日常生活劳动包括自我服务劳动和简单的家务劳动。前者是孩子独立地照料自己生活的简单劳动，如独立地穿脱衣服鞋袜、用餐、洗漱、整理玩具和床铺等。这些劳动与其生活密切相关，最易理解和掌握。自我服务劳动是劳动教育的开端。在前者的基础上还应让孩子参加一些简单的家务劳动，如择菜、整理鞋架、拿快递等。这些家务劳动有助于培养孩子对家庭的关心和责任，又可体验到为他人劳动的快乐。家长应注意：（1）让孩子劳动是一种教育手段，而不是把孩子当作劳动力使用；（2）家务劳动分配要坚持量力、适度、自觉的原则；（3）应积极参与指导孩子的劳动。要有要求、有检查、不包办代替。孩子在劳动中犯了错误，要积极帮助改正。

"劳动最光荣"曾经是几代中国人的共识。随着社会的发展、人们生活的改善，劳动却受到忽视，甚至鄙视。有的孩子自己的事情让家长做，有的孩子在学校花钱雇人值日，有的孩子不以劳动为荣反以劳动为耻，这些对孩子的成长危害极大，对社会的发展破坏极大。中华民族素以吃苦、勤劳著称，改革开放 40 余年的历史正是中国人民艰苦劳动的光荣奋斗史。党的十八大以来，习近平总书记高度重视劳动教育，特别是在全国教育大会上的讲话中，他再一次强调劳动教育的重要性，强调在学生中要弘扬劳动精神，提出了要构建德智体美劳全面培养的教育体系，使我国社会主义教育的培养目标更为完整。这些重要论述把劳动教育提高到一个新的高度，纳入新时代人才培养的大格局中。2020 年 3 月，中共中央、国务院下发了《关于全面加强新时代大中小学劳动教育的意见》，特别提到家庭教育在实施劳动教育中的重要意义和特殊价值。

日常生活劳动教育是家庭教育的"好教材"。日常生活处处有劳动，劳动就在孩子身边，劳动教育具有易感知、易接受、易奏效的特点。家长容易上手，便于实施，可以"拾来即教"，无需再"绞尽脑汁"备课。教孩子做事情的过程就是劳动教育，小孩子学习"自己的事情自己做"，大孩子学习做"力所能及的家务"。家长与孩子一起劳动可以增进亲子关系，形成良好的亲子沟通模式。

立德树人是教育的根本任务，而劳动教育就是家庭德育的最好途径。孩子在劳动中可以学习独立和自信，可以学会尊重劳动和尊重他人，可以形成服务精神和助人品格，可以提高劳动意识和劳动能力。一个爱劳动、会劳动的人，生活态度往往是积极的、乐观的。

4.3 生活制度

家庭成员生活、作息所必须遵循的规定。科学的家庭生活制度可以使孩子的学习、休息、饮食、睡眠、锻炼、卫生符合科学的要求，并能有节奏地循序进行，逐步养成有条有理的生活习惯，还可以培养孩子的时间观念、组织性、纪律性等。生活制度主要包括：起居饮食时间的规定，个人卫生的规定，学习、活动时间的规定，家务劳动内容和要求。家长在制定生活制度时，要注意从孩子身心发展的年龄特点出发，并考虑到自己孩子的实际情况和家庭条件的可能。在执行生活制度时要注意做到有示范、有指导、有评价，不得随意破坏。

一个家庭建立起共同遵守的生活制度，既是孩子健康成长的客观需求，又是对孩子进行行为习惯培养的有效手段。例如，规定全家人都要遵守的作息制度，就有巨大的教育功能。按时起床，按时就寝，按时吃饭；晚饭后，全家人都要保持安静，认真读书学习，不看电视，不做干扰别人读书思考的事。孩子如果自幼在这种生活环境的熏陶下，必然会养成按时作息、静心读书、认真学习的良好习惯。

为孩子规定的生活制度中应当包括从事自我服务劳动和参加家务劳动的时间，使孩子从小养成有条理的生活习惯。如自己铺床、叠被子，睡觉前把衣服、鞋袜放在固定的地方等。孩子要养成良好的劳动习惯和卫生习惯，就要靠长期坚持执行合理的生活制度，要靠家庭全体成员、特别是父母自身的表率作用和坚持不懈地耐心指导。如果父母本人在生活上马马虎虎，没有条理，随心所欲，只是要求孩子坚决执行合理的生活制度，那么孩子很难达到父母的要求。

在执行家庭生活制度时，父母除了以身作则之外，还要态度坚决，不能妥协。例如，晚上不洗漱就不能上床睡觉，任何家庭成员都不容许破坏这个制度。还有不许浪费粮食，不许剩饭，没吃完饭不许离开餐桌，不能打断客人和长者的谈话，等等。在制定家庭生活制度前，家长要缜密思考，深思熟虑，同时发动全体家庭成员充分讨论，一旦制定完毕，全体家庭成员要严格遵守。当然，家庭生活制度中的禁令不宜太多太琐碎，禁令太多，孩子记不住也做不到，成为毫无效力的一纸空文；禁令太琐碎，孩子的身心和天性容易受到禁锢。但如果家庭生活制度中没有一些绝对的、无条件的、必须严格遵守的禁令，家庭教育就会成为软弱无力的说教，教育的过程就会遇到困难。

📖 案例

　　道客巴巴网 2015 年 4 月 7 日登载了一篇题为《建立共同遵守的家庭生活制度》的文章，该文提到了一位富有教育机智的妈妈，她有 3 个未成年的孩子，最大的 8 岁，最小的 4 岁。她和孩子们商量制定的家庭制度中有一项是：房间弄乱之后当天一定要收拾，晚上刷完牙、洗完脸和脚后才可以睡觉。有一次她去上夜班，深夜下班归来，发现房间一片凌乱，3 个孩子袜子都没有脱，横七竖八地在床上睡得正香。她犹豫了，叫醒他们又觉得有些残忍，不叫醒他们就默认他们今晚的行为是容许的，家庭制度是可以不必遵守的。最后，妈妈决定叫醒他们，让他们把房间收拾整洁，洗了脸和脚再上床睡觉。妈妈这样做产生了良好的教育效果，此后孩子们都能认真执行家庭的生活制度，从不马虎。但妈妈那一晚叫醒了睡得香甜的孩子，内心多少有些愧疚。事后，她向一位心理学家请教，问自己该不该这样做，她受到了心理学家的高度肯定。

4.4　入园准备

　　家长为帮助孩子顺利进入幼儿园接受集体教育所作的准备。幼儿园作为专门教育机构，其环境、人员等方面与家庭有很大区别，孩子入园是其生活的重大转折，家长应帮助子女做好身心各方面的充分准备：(1)积极心态的准备，要消除孩子对幼儿园的畏惧心理，引起他们对幼儿园生活的美好向往；(2)同伴交往能力的准备，要创设条件引导孩子学习与同伴交往的技能，体验交往的乐趣；(3)生活自理能力的准备，如自己穿脱衣服、自己吃饭等；(4)物质上的准备。

　　具体而言，家长应该做好下列相关事项——

　　带宝宝到幼儿园附近玩耍，使宝宝逐渐喜欢幼儿园环境，如果能够，还可以带宝宝去看他所在班级的环境、墙饰、玩具、睡眠环境、床、盥洗室、如厕的地方、户外活动场所等，这样就会使宝宝对"幼儿园"有直观美好的感受。

　　很多幼儿园开设有亲子班，家长可以在宝宝入园的前两个月带宝宝上幼儿园开办的亲子班，这样宝宝就知道幼儿园是和小朋友一起玩的地方，而且他会在活动过程中认识许多小朋友和老师，还会玩到许多家中没有的玩具，提前熟悉幼儿园环境。

　　让宝宝与左邻右舍年龄相近的宝宝一起玩，建立良好的同伴关系，这些宝宝将来可能会上同一个幼儿园，甚至在同一个班，他们彼此先熟悉了，会更快地适应幼儿园生活。入园后，父母可以利用接送宝宝的时间，主动认识本班的一个或者几个小朋友及其家长，鼓励宝宝们在一起玩，分散宝宝与家长分离的焦虑，让宝宝尽早融入群体生活。

　　培养宝宝的生活自理能力并有意识地在家里提前调整宝宝的作息时间。在家里，宝宝有专人看护，吃饭、喝水的时候都有人照顾，但是到了幼儿园就要自己做这些事情，所以需要在家提前锻炼，要让宝宝自己洗脸、洗手、脱穿衣服、上厕所、独立睡觉等。调整作息时间以使宝宝在家的作息安排和幼儿园的一致，这样宝宝入园后就不会感到不适应。

让宝宝学会清楚地大胆地表达自己的需求，如果宝宝表达能力差，那么宝宝的状况和要求就容易被老师忽视。因此父母要多和宝宝说话，鼓励宝宝说出自己的想法，即使父母已经猜到宝宝想要什么，也要鼓励宝宝说出来，比如"我不舒服""我尿裤子了""我饿了""我要上厕所"等，鼓励宝宝到幼儿园后把老师当作妈妈，向老师说出自己的真实想法。

4.5　入学准备

家长为帮助孩子顺利进入小学学习所做的准备。幼儿园教育与小学教育的最大区别是，前者以游戏为主要活动形式，后者以学习为主要的活动形式。家长要做好子女入学的衔接工作，帮助孩子顺利过渡：(1)激发孩子的学习愿望和兴趣，让其对小学生活有积极的向往；(2)生活上要加强自我服务能力、简单劳动技能的培养；(3)加强身体锻炼，培养健康的体魄，以承担小学生在脑力和体力上的负担；(4)加强小学学习活动所需的心理准备，如稳定的注意力、积极活跃的思维能力、流畅的口头语言表达能力、良好的学习习惯和方法。

学校是孩子将要获得知识、度过宝贵学习时光的地方，只有教会他热爱这个地方，他才会在那里安心、愉快地学习。家长先要以高兴的心情向孩子描述学校丰富多彩的生活，讲一些师生深厚情谊的故事，讲自己小时候上学的情况，向孩子介绍学校是干什么的，学校里有哪些常规的部门，每个部门的功能是什么，老师讲课的内容是如何有趣……家长可以借此吸引孩子，诱发孩子对学校的向往心理。

教师是孩子智慧的启蒙者，家长要让孩子在入学之前就形成对老师良好的印象，要尽量详尽地向孩子讲述老师的光荣职责，讲讲自己从小如何受到老师的亲切教诲与培养，以及自己对老师的感恩之心和留恋之情，在孩子心中树立起老师和蔼可亲、庄重严肃、知识渊博、热爱儿童的第一印象；家长千万不要用老师去威胁和吓唬孩子，比如说"不听话就交给老师去管""上了学，老师就会把你……""老师才不会像妈妈一样对你呢"，也不能贬低老师的作用，歪曲老师的形象，如果孩子对老师产生了一种莫名其妙的恐惧和误解，就会影响他入学的积极性。

　　家长要在孩子入学前让孩子懂得一些简单的生活常识，比如一天有上午、下午和晚上的区别，上午几小时？下午几小时？几天是一周？一个月有多少天、多少周？一年有几个月？又如饭前饭后不可以急剧奔跑，运动后要喝开水，要定时大便，便后要洗手。还要教给孩子学校生活的常规知识，比如听见预备铃就要进教室坐好，上课专心听老师讲课，发言需要先举手，得到老师许可再站起来发言等，有些有心的家长把这些校园生活常规编成故事讲给孩子听或编成儿歌教给孩子背熟，使孩子很容易就记住，对孩子入学后较快地适应学校生活很有帮助。

　　家长还要在孩子入学前有意识地训练孩子的相关能力，养成他的良好习惯。比如从事有目的的活动，在一定时间内集中精力做一件事情；在学习活动中保持正确的身体姿势；会控制大小便，会叠被子，会收拾书包，会整理自己的学习用品；会做简单的服务性劳动，如开关窗户、扫地、抹桌子等；会合理安排时间，完成作业，做事有条理。

　　为了孩子生命的安全，家长还要在孩子入学前教育孩子懂得交通规则和遵守交通规则，如走路走人行道，在马路上要靠右行走，一旦迷了路，要去找民警叔叔而不要跟不认识的人走；知道红绿灯的意义，在斑马线内穿越马路，等等。

　　家长要在孩子入学前根据孩子年龄的增长和学习要求的改变，适当减少孩子的睡眠时间，逐渐延长学习时间，慢慢使孩子的作息制度与学校要求保持一致。

🗨 知识专栏

　　　　幼儿午睡时间一般为2个小时，而小学生的午睡时间只有1个小时，家长要顺应孩子的生理规律，在孩子幼升小的暑假时间逐步缩短其午睡时间。

4.6 假期生活安排

孩子入托、入园、入学后，寒、暑假及双休日在家期间的生活内容及时间分配。假期生活安排存在几种不当现象：（1）将孩子的每天都安排为学习时间，如参加各种培训班，不给孩子安排游戏活动；（2）把孩子放在电视机前，让各种电视节目陪伴孩子；（3）让孩子自由活动，想干什么、干多长时间都由孩子自己决定。科学合理的假期生活安排要求家长做到：（1）全面丰富，如身体锻炼、社交、学习、旅游等；（2）动静交替，即脑力活动与身体活动相结合；（3）作息时间有规律，如早起早睡，按时用餐等；（4）活动要由成人指导；（5）对即将入园、入学的孩子要帮助其做好各种准备。

具体来说，孩子的假期每天应该安排两到三个时间段来学习，比如上午9点到11点、下午3点到5点、晚上7点到9点这三个时间段可以用来写假期作业、练字、读书；每天的早起床、午睡起床和晚间上床睡觉的时间应作固定安排，否则一天的生活很容易紊乱；每天要安排不低于1小时的锻炼时间或户外运动时间；看电视和玩手机的时间可以相对固定，每天的总时长不能超过2小时；如果是寒/暑假这样时间相对长的假期，可以安排一次冬令营/夏令营活动或全家人外出旅游活动，孩子要参与假期各种冬令营/夏令营的选择，要参与旅游目的地的选择和旅游计划的制定；假期生活安排应该以表格的形式打印一式两份，家长和孩子各拿一份；一家人共同协商并制作假期生活安排表，家长要充分尊重孩子的意见以提高他们落实安排的主动性，家长不要事先制定再强制孩子执行。

制定假期生活安排表最主要的目的是让孩子养成优良的学习习惯和生活习惯，孩子们的自控能力较差，制定假期生活安排表对孩子来说就是某种约束，可以帮助他们克服随心所欲和懒惰散漫习惯，可以省却父母对孩子琐碎的管教和不停的唠叨。对于能够自觉按表落实假期生活的孩子，父母要在假期中段和假期结束前给予鼓励甚至奖励，让孩子充满自信地坚持下去，同时又觉得假期生活是充实的、幸福的。

4.7　电视收看指导

家庭中家长对子女收看电视的指导。生动的电视节目吸引着孩子，它可以满足其娱乐的需要、获取知识的需要。但过多过久地收看电视，其危害也大，如影响孩子的口语表达能力、思维能力，减少户外运动时间，减少社交机会以及对阅读的兴趣。目前家长在孩子收看电视问题上存在完全不让收看和无节制地随便看两种极端做法。正确的指导是：（1）为孩子选择适当的节目，以配合孩子各阶段身心发展的需要；（2）尽量抽空陪孩子一起看电视，不但可以增进亲子情感，且可随时解答孩子的问题；（3）合理控制孩子收看时间和纠正孩子观看姿势；（4）经常和孩子讨论节目内容，培养其思考能力，适时纠正孩子错误的价值判断和盲目相信广告的心理；（5）配合电视节目内容进行相应的户外活动与教育。

电视已经深入中国的每个家庭，也是孩子的陪伴者之一。然而，这个陪伴者可能是益友，也有可能是损友，因为孩子对外界的环境仍处在探索阶段，他们所接受的任何刺激，都是他们体验外界环境的重要开始。即便是 3 岁前的幼儿，他们虽然不能完全看懂电视节目内容，但是电视中的声光、影像、形状、色彩的变化容易吸引孩子的注意力，尤其是重复播放的广告影片，短暂的播出时间与生动有趣的画面，更容易吸引幼儿的注意和兴趣。孩子渐渐长大，在认知、人格塑造及学习发展上，都容易受到电视的影响。其中的负面影响有：每天观看电视的时间过长，不仅影响孩子身体动作技巧的发展，更会减少孩子人际互动的学习机会；在种类繁多的电视节目中，有些类型的电视节目对孩子有负面影响，如有暴力倾向、趣味低俗等内容的节目。

父母应该先了解孩子喜欢看的每一个电视节目包括卡通节目，不要武断地认为卡通就一定适合孩子看，有些外国的卡通节目太过暴力，剧情过于荒诞，都不适合幼儿观看。因此，替孩子选择电视节目时，必须了解孩子所看的节目内容。在孩子观看电视节目的时候，家长最好坐下来陪孩子一起观看，或尽量安排出全家一起看电视的时间，这样不但可以促进亲子之情，家长更可适时指导孩子吸收正确的知识与观念。有些节目孩子看了之后会有疑惑，此时父母应正确对待孩子提出的问题，在自己了解的范围内尽量给予正确的回答。如果家长认为节目不适合孩子看，就要适时告诉孩子父母反对的理由，让孩子明白父母不是禁止孩子看电视，而是电视节目内容不合适。父母还要提醒孩子与电视屏幕保持适当的距离，观众与电视的合适距离为荧光屏五到六倍的长度，父母还可以在孩子与电视之间摆上桌子、茶几等，隔出安全距离。

4.8　家庭教育环境

家庭教育影响因素之一。广义是指影响家庭教育活动进行的所有条件的总称。狭义是指父母在家庭教育过程中有意识地为子女创设的受教育情境。良好的家庭教育环境包括：（1）较好的物质环境；（2）和谐的心理环境；（3）健康、丰富的信息环境。它是实施良好的家庭教育的前提，是子女健康成长的外部条件。家长应注意利用并创造有利于子女身心健康发展的积极环境，调节、控制或排除消极环境，促使子女更好地成长。

4.8.1　家庭物质环境

家庭中与衣食住行有关的生活物品所构成的物质系统。它是家庭教育的重要外部条件，良好的家庭物质环境包括：（1）保证子女健康成长的衣物食品；（2）子女独立互动空间；（3）对子女进行智力开发的必要物质条件；（4）清洁、美观大方的家庭布置。家长应本着量力的原则，合理安排家庭的经济生活，从孩子发展的需要出发，尽可能地创设良好的家庭物质环境。

家庭经济收入的多少，直接与子女的物质生活、学习环境、健康条件等方面相联系，对子女的教育也有一定的影响。教育社会学的研究成果告诉我们：家庭极端贫困，经济水准在温饱以下，就不能为其子女提供正常或必要的学习条件；超过满足其子女正常学习需求的家庭经济条件，在任何程度上的增长额，对子女的学习和教育而言，就不再产生有意义的影响和积极的作用；过于优裕的家庭条件，反而可能容易养成子女养尊处优的品性，成为影响他们学习的不利因素。可见，在一定条件下，"家贫"和"家富"，对孩子的成长都有两方面的影响，家庭教育就是要充分发挥有利的影响，克服不利的影响。

父母要合理安排家庭经济生活，使家庭经济收入能保证家庭成员包括子女的生活和学习的需要，并成为教育子女的积极因素。这就要求父母要善于持家，家庭成员应正确对待和科学安排家庭经济收入，要养成不铺张浪费的习惯，在安排家庭经济收入分配时，应把"智力投资"放在适当的位置。有的父母买吃买穿舍得花钱，但却舍不得为子女买好书、订报刊；也有一些父母不根据子女的实际需要，过于大手大脚地进行"智力投资"，这些做法都不利于孩子的成长。要使家庭物质环境充分发挥其促进孩子健康成长的作用，就需要家长精打细算，量入为出，这本身对子女就是很好的教育；同时，父母也要教会子女合理安排家庭生活，根据子女年龄特点，对子女进行经济生活知识的传授，并让他们适当地参与家庭经济的管理，这样既有利于增强子女的家庭责任感，又可以让他们在实践中学会如何生活。

此外，风格优雅、整洁美观、舒适宜人的家庭居住环境，能够使家庭成员心情舒畅，并能成为子女养成良好的生活习惯的外在刺激，其教育作用也不能低估。高尔基在《阿·马·高尔基致叶·帕·彼什科娃书信集》中说："照天性来说，人都是艺术家，他无论在什么地方，总是希望把美带到他的生活中去。"家庭生活环境的布置，往往能反映出父母的审美情趣、审美艺术修养和文化水平，也成为对孩子进行教育的因素。家庭成员应根据家庭的经济条件提高布置优雅家庭生活环境的能力。家具的购置与摆放，房间的装饰，应将实用性与艺术性结合起来，追求高雅的情趣，从而对孩子进行如何美化室内环境的教育。在家人休闲、孩子吃饭等时候，可以播放古今中外优秀的经典曲目，让音乐带给孩子艺术的感染与陶冶，达到怡情悦性之目的。在居室内，要根据客厅、卧室、书房、餐厅、卫生间的不同功能，进行不同的室内装饰，选择不同的室内色调，不要放置任何没有情趣和不和谐的东西，不摆设不合身份的东西。家庭成员要有适体的服装穿着，要教育子女穿着整洁、朴素、雅致，保持优雅的个人形象。要经常打开房门和所有窗户，让阳光、微风、雨声、鸟声、花香和泥土的芬芳统统涌进居室，这可以充分刺激孩子的视觉、听觉、嗅觉等感官，发展孩子对事物的感受能力。

父母还应尽力为儿童专设一个学习和活动的空间，特别要专门为孩子提供放置学具、图书和玩具的地方，应该有写字、读书用的桌椅。室内要采光充足，空气新鲜，以保护他们的视力和身体的健康。父母可以让孩子自己布置自己的空间，甚至可以让年龄大一些的孩子自己设计自己的房间布局。

4.8.2　家庭心理环境

家庭成员之间的关系、家庭活动氛围和生活方式所构成的心理系统。它是家庭教育的心理基础。良好的家庭心理环境包括：（1）夫妻相爱，家庭成员性格开朗，有乐观向上的生活态度，彼此心意相通、关系融洽、团结互助、家庭气氛温馨；（2）家庭中讲究民主、平等，有事协商解决；（3）家庭中对子女有合理的期望；（4）家长在创设良好的家庭心理环境时应注意以身作则。

虽然家庭物质环境与孩子的教育紧密相关，但家庭物质条件好并不等于心理环境好，从某种意义上讲，家庭心理环境对孩子具有更大的影响作用，对孩子的成长更重要。有一个良好的家庭心理环境，即便在那些父母不识字、综合收入低的家庭，也能培养出高素质的孩子。家庭心理环境是由家庭成员的精神生活内容构成的，它由多种因素决定，如家长的性格、兴趣、才能以及情绪状态等。

人人都需要健康的家庭心理环境，而孩子对家庭心理环境的感受和需要往往比成人更加敏感和迫切，孩子的一切善良、美好的品质和优良的素质首先是在家庭中萌芽的。因此，为了孩子的健康发展，为了家庭的幸福美满，父母应努力追求合理、积极的教养方式，创设良好的家庭心理环境。

💬 知识专栏

　　家长如何创造有利于孩子成长和成才的家庭心理环境？人民大学附属中学第九任校长、特级教师刘彭芝提出了十条建议：(1)孩子在场，父母不要吵架；(2)对每个孩子都要给予同样的爱；(3)父母之间互相谦让、相互谅解；(4)任何时候父母都不要对孩子撒谎；(5)父母与孩子之间要保持亲密无间的关系；(6)孩子的朋友来做客时，父母要表示欢迎；(7)对孩子提出的问题，父母要尽量给予答复；(8)在孩子的朋友面前，父母不要讲孩子的过错；(9)注意观察表扬孩子的优点，不要过分强调孩子的缺点；(10)对孩子要保持情绪稳定，不要动不动就大发脾气。

4.8.3　家庭信息环境

与家庭教育有关的各种信息及其来源的总结。良好的家庭信息环境有益于子女丰富知识、扩大视野、发展智力、陶冶情操，加速社会化进程。家长创设良好的家庭信息环境可从以下方面着手：(1)充分利用家庭中各种设备提供信息；(2)带领孩子到自然界和具有教育意义的场所，如博物馆、科学宫、展览馆、历史遗址等去参加游览；(3)选择合适的交往对象，包括家长和子女双方的交往对象；(4)家长自身做到作风正派、品德优良、工作勤勉，有高尚的生活与审美情趣以及文明举止。

随着社会开放、科技的发展，大量信息不断涌入家庭，家长对此要有所选择与控制，努力避免消极信息对子女的不良影响。尤其是面对现代家庭中触手可及的电脑、手机、平板等电子产品带来的纷繁芜杂的信息，家长应想办法对孩子进行正面疏导，如：过滤不适合孩子阅览的内容、限制使用电子产品的时间、通过互联网搜索真实案例分析危害、和孩子沟通协商制定科学的作息安排，如玩什么、什么时间玩、玩多长时间等，并在孩子守信时适当地给予奖励或表扬，直到孩子慢慢形成习惯；这样不仅可以减少孩子玩电子产品的时间，还能培养孩子守信的品质和合理规划时间的能力。此外，家长要充分给予孩子接触其他事物的机会，如参加兴趣班、进行户外活动、亲近大自然、参加体育锻炼、参观有教育意义的场所等，仔细观察并慢慢发现孩子的兴趣，开阔孩子的视野和知识面，使其获得成就感和学习动机，从而转移孩子对电子产品的注意力，把电脑和手机等电子产品当成获取信息、学习知识、提高能力的工具而不是在心理上严重依赖的玩具。当然，家长也要做孩子的榜样，尽量少玩这些电子产品，多抽时间陪陪孩子，多和孩子交流沟通。

📝 思考与讨论：

1. 家庭教育包含了哪些方面的内容？
2. 你认为当代家庭有必要对孩子进行理财教育吗？
3. 你怎么看待有的孩子在学校花钱雇人值日的现象？
4. 在幼儿入园和儿童入学之前，家长应该做好哪些相关的准备？
5. 家长如何创造良好的家庭心理环境？

第五章　家庭教育原则

✐ **本章学习目标**

通过本章的学习，读者应了解和掌握下列内容：

- 家庭教育原则包含的基本内容
- 家长在遵循发展性原则时应注意的事项
- 家长在遵循尊重子女人格原则时应注意的事项
- 家长在亲子之爱中需要强调的原则
- 生活教育的基本内容

5.1　家庭教育原则

家庭教育中必须遵循的、对家庭教育具有普遍指导意义的基本要求和指导原理。家庭教育原则是根据教育目的和家庭教育规律制订的，也是长期以来家庭教育实践经验的总结。它是家长在教育子女的过程中处理与解决问题的依据，贯穿于家庭教育的各项教育工作中，对制定教育计划、选择教育内容与教育方法都具有指导作用。家长只有正确贯彻各项原则，才能使家庭教育取得理想的效果。家庭教育原则主要有发展性原则、爱的原则、以身作则原则、尊重子女人格原则、一致性原则、教育与生活相结合原则、配合幼儿园教育原则、及时与持之以恒相结合原则、全面关心与因材施教相结合原则。

5.2 发展性原则

家庭教育不仅要适应子女身心发展的需要，还要遵循促进其身心发展的原则。孩子的发展包括身心两方面的变化，它具有阶段性和连续性。成功的家庭教育首先应和孩子的身心发展的阶段水平相适应，即根据孩子的年龄特征来提出教育要求，实施教育方法；其次要满足孩子发展的连续性需要，走在发展的前头，即不断向孩子提出高于其原有水平，而又是他们力所能及的要求，把家庭教育转化为孩子接受教育的内在动力和需求。使他们在活动中经常产生一种努力的势头，从而在自己原有水平上不断得到发展。为此，家长要学习儿童心理学知识，掌握孩子身心发展的规律及其相应的年龄特征，了解孩子的需要、兴趣及能力，抓住有利时机，使家庭教育促进孩子的发展。

在遵循发展性原则的时候，家长要注意多采取欣赏的态度和期待的目光，要倡导"四多四少"，即"多一点赏识，少一点苛求；多一点表扬，少一点批评；多一点肯定，少一点否定；多一点信任，少一点怀疑"。也就是说，发展性原则要求父母不放过任何一个表扬孩子的机会，孩子被表扬后，会露出喜悦的笑脸，会以更加积极的心态去学习、去生活，会取得更好的发展效果。前文提及的心理学中的著名的罗森塔尔效应，亦称"皮格马利翁效应"或"期待效应"，"期待效应"留给我们这样一个启示：赞美、信任和期待具有一种能量，它能改变人的行为，当一个人获得另一个人的信任和赞美时，当孩子获得家长的信任和赞美时，他便感觉获得了社会支持，从而增强了自我价值，变得自信、自尊，获得一种积极向上的动力，并尽力达到对方的期待，以避免对方失望，从而维持这种社会支持的连续性。美国现代成人教育之父、西方现代人际关系教育的奠基人戴尔·卡耐基曾经说过："一个人发挥最大能力的方法是赞美和鼓励。"孩子的天性就是喜欢赞美和鼓励，喜欢"戴高帽子"，家长丰富而生动的赏识语言会让孩子处于一种积极亢奋的状态。当然，孩子也需要听到恰如其分的批评，据此了解自己的长处与短处，从而扬长避短，完善自我。

在遵循发展性原则的时候，家长要注意确定科学合理的发展目标。家长应以促进孩子的发展为出发点，选择的活动内容应适应孩子的年龄段或心智发展水平，不能任意降低或拔高发展目标，进行目标设计时要根据孩子身心发展的特点及认识规律，使家庭教育活动建立在孩子的"最近发展区"的基础上，切忌揠苗助长。而事实上，在中国的家庭教育中，很多父母望子成龙、望女成凤心切，对孩子的期望值过高，喜欢超前教育。

📋 **案例**

山西中公教育网 2022 年 3 月 29 日登载了一篇题为《塞格尔的双生子爬楼梯实验》的文章，该文提到美国著名的心理学家格塞尔曾做过一个"双胞胎爬楼梯"试验，在这个实验中，双胞胎 A 和 B：A 从第 48 周（大约一周岁）开始，每天进行 10 分钟爬楼梯训练，连续训练 6 周；在此期间，B 不进行爬楼梯训练。一个多月后，也就是从第 53 周起，B 开始进行爬楼梯训练，A 则继续坚持爬楼梯训练。根据实验结果，B 只接受 2 周的爬楼梯训练，就能赶上 A 的水平。

格塞尔的这个实验表明，儿童的成长是受生理和心理成熟机制制约的，幼儿的身心发展是有一定顺序的，这种顺序是由先天因素决定的，超越这个顺序进行超前教育没有什么意义。因此家长在设计发展目标时，应充分考虑到各方面因素，尤其是要结合本阶段孩子的身心发展特点，把"最近发展区"定为目标。

在遵循发展性原则的时候，发展目标的设定应该以促进孩子的全面发展为出发点。无论是目标的制定、策略的选择，还是材料的提供、环境的创设，都要以有利于孩子的全面发展为依据和准则，也就是说，这种发展应该是综合的、系统的，而不是单一的、片面的。如在家庭健康教育活动中，家长不仅要考虑孩子的身体健康，而且要考虑促进孩子的心理健康和发展；不仅要增强孩子的体质，而且要促进孩子在认知、情感、态度、社会性和个性方面的良好发展。同时，在孩子的身体锻炼活动中，应尽量使孩子身体的各个部位、各个器官系统的机能、各种身体素质和基本活动技能等都能得到全面、协调发展，尽量避免身体锻炼的片面性和不平衡性。

在遵循发展性原则的时候，家长不要盲目地把自己的孩子和其他的孩子进行攀比。即便是同一年龄段的儿童，每个儿童的发展基础和发展速度也是不一样的，家长要根据自己孩子的具体情况确定合理的发展目标，量力而行，使孩子在原有的基础上得到充分的发展。

📖 案例

《家教世界》2020 年 9 月 10 日刊登了武昌理工学院谢春林教授的一篇题为《人生很长，何必慌张》的文章，提及她小时候的一段经历："我妈永远觉得我不如邻居家的妹妹：我没有她会做家务，我没有她乖巧懂事，我没有她讲卫生，我甚至没有她长得好看……"那段经历给她造成了很大的心理创伤："无数次被比较，无数次犯错被我妈痛骂或痛打时，我内心都无比怀疑我是不是我妈亲生的。最严重的时候，我整整一个月不跟我妈讲话。有一次还站在池塘边万念俱灰。我考上大学后，我妈对我的态度才有了转变。很多年过去了，小时候的那种被比较和被责骂的惶恐还钉在心里，常常在午夜梦回时汗湿后背……"

盲目攀比的家长很容易给孩子造成心理伤害，这种伤害如果得不到及时的干预或医疗，就会对孩子今后正常的生活造成负面的影响。

5.3　爱的原则

家长在教育子女过程中要有真挚而又理智的爱的原则。这是成功家庭教育的基础，也是教育过程中的催化剂。孩子感受到父母的爱心，便易产生肯定的情感体验，从而乐于接受父母的教育，同时也学会了爱别人。父母只有爱子女，才有教育子女的积极性和主动性。家长对子女的爱应该是真挚而理智的爱，即既把子女作为保护的对象，又作为教育的对象；既关切爱护，又严格要求。骄纵之爱与专横之爱是两种错误的、非理智的爱。爱的原则要求家长：(1)创设和睦有爱的家庭环境；(2)爱的结构是慈加严，要做到是非分明，奖惩有度；(3)了解孩子，使爱孩子的动机与效果相统一。

📋 故事：

　　搜狐网 2020 年 2 月 11 日登载了一篇题为《老渔翁夫妇和天鹅的故事》的文章，该文提到一位老渔翁住在一个小岛上，有年秋天，岛上飞来了一群天鹅，它们从北方飞来，准备去南方过冬。老渔翁十分高兴，拿出饲料和打来的小鱼招待天鹅，天鹅逐渐和老渔翁熟悉起来，到了冬天也没有离开小岛。老渔翁于是敞开自己的茅屋，让天鹅在屋里取暖过冬。年复一年，老渔翁就这样奉献着自己的爱心，可是终于有一年，老渔翁死去了。天鹅没有离开，就在这一年，天鹅因没有了老渔翁的照顾而全部被冻死了。

这个故事让我们懂得：爱，要讲究原则，讲究方法，没有原则的爱会招致痛苦，甚至招致灭亡；爱要有度，超过这某种限度，爱就变成了一种伤害。家庭中爷爷奶奶、爸爸妈妈对孩子的爱同样要有限度，要有原则。许多孩子因为生活在全家人的溺爱中，唯我独尊，脾气不好，无法与人友好相处，这样的爱反而害了孩子。

那么，在亲子之爱中，需要强调哪些原则呢？

(1)理性原则。没有理性，就像柳宗元在《种树郭橐驼传》中所写的一样，"虽曰爱之，其实害之"。爱孩子不是宠孩子，一味的宠爱只会把孩子培养成骄横跋扈的"小皇帝"或刁蛮任性的"小公主"。有的家长事事都惯着孩子，孩子想要什么就给什么，事事包办代替，在"再苦不能苦孩子"的观念下，总是尽力满足孩子的各种需求，这种没有原则的爱只会对孩子的成长造成阻碍。所以，在当前许多溺爱、宠爱孩子的反面事例摆在面前时，家长要经常反躬自省：这样的爱对不对？这样做对孩子的成长是否有利？经常理性地思考，可以帮助家长运用正确科学的教育方法去教育孩子，让他们在真爱中健康全面地成长。就如上面故事里的老夫妇，如果他们能够理性地喂养天鹅，那么那个冬天里的悲剧是不会发生的。

（2）拒绝原则。在很多家庭里，家长对待孩子，衔在嘴里怕化了，捧在手里怕摔了，从来不向孩子说"不"，从来不会拒绝孩子的索求，孩子于是无休无止地向父母提要求。一个从来没听过"不"字、从来没被拒绝过的孩子，不可能有失望的体验，也无法承受失败的挫折。长此以往，他将变得脆弱，经不起生活中或学习中的任何风浪。法国著名教育家卢梭在《爱弥儿》中说："当一个孩子哭着要东西的时候，不论他是想更快地得到那个东西，还是为了使别人不敢不给，都应当干脆地加以拒绝。如果你一看见他流泪就给他东西，就等于鼓励他哭泣，是在教他怀疑你的好意，而且还以为对你的硬讨比温和地索取更有效果。"小孩子哭闹的行为，是在试探父母的底线，如果父母在孩子第一次哭闹的时候就懂得拒绝，那么孩子就不会在相同的境况下第二次哭泣，因为他们清楚，通过哭闹的方式并不能达到目的。孩子在成长的过程中，应该有失望的体验，应该懂得放弃。

（3）纠正原则。有些孩子喜欢挑食，不喜欢吃蔬菜，家长必须纠正并告诉孩子，青菜里面含有纤维和维生素，这些物质营养是肉类无法提供的。其实每个孩子在饮食方面都有自己的喜好和偏爱的口味，家长要告诉孩子，每种食物的模样不同，营养成分也不一样，我们倘要使自己的身体健康，就不能挑食，该吃的食物都要吃，这样才能够营养均衡。如果只吃肉，不吃青菜，就可能会长成身材不匀称的小胖墩，到那时，我们的行动会受到限制，而且也容易生病。孩子懂得了这些道理，坏习惯就不难纠正。还有饭前不洗手的个人卫生坏习惯、随手乱扔垃圾的公共卫生坏习惯、上学后的一些坏的学习习惯等，家长要不断地予以提醒，不断地予以纠正。纠正孩子的一个坏习惯，孩子就会养成一个好习惯，坏习惯会让孩子长期受害，好习惯会让孩子终身受益。

💬 **知识专栏**

　　哈佛大学教育博士王涛写过一本名为《规矩和爱》的书，强调父母教育孩子，应坚持四项基本原则——其一是父母不占有孩子。孩子是上苍赐予父母的礼物和财富，不是家庭的私有财产，所以父母要把孩子当作独立的个体来尊重，不要把自己的思想强加给孩子；其二是爱与规矩并存，父母在爱孩子的同时要给孩子确立规矩，让孩子有规矩意识，要在规矩中体现爱，要在爱中设立规矩；其三是情商先于智商，因为情商是孩子一生快乐与幸福的基础；其四是父母和孩子共同成长，父母要教育好孩子，先要能够改变自己。

　　王涛博士所强调的这些原则，很大程度上和本书中所强调的三个原则是一致的。

　　为人父母后，我们常说不论孩子是什么样子，我们都爱他，聪明还是笨拙，美丽还是丑陋，只要是自己的孩子，叫自己一声"爸爸"或"妈妈"，我们都将无条件地爱他。我们无时无刻不爱着孩子，无论他健不健康、漂不漂亮、听不听话、优不优秀，我们都愿意为他们倾注所有的爱。但正如高尔基所说："爱孩子，这是母鸡也会的事，可是要善于教育他们，这就是一桩国家的大事了，这需要才能、渊博的生活知识。"为了孩子将来能够有能力独立生存在这个世界上，我们的爱无条件但要有原则，坚持自己的原则，将原则慢慢渗透到孩子的生活中去，让他们可以更好地成长。

5.4　以身作则原则

　　家庭教育中，家长要用自己的模范行为给子女做出好的榜样的原则。父母的言谈举止，对子女起着潜移默化的作用。孔子说过，"其身正，不令而行；其身不正，虽令不行"，"不能正其身，如正人何?"因此，家长以身作则是家庭教育取得成功的保证。它要求家长：（1）要有良好的行为习惯和品德修养；（2）要树立良好的家风；（3）把身教与言行结合起来。

在家庭教育中，家长的"言传"和"身教"相比，身教的效果要大得多。父母对孩子谆谆教导，其影响力不及日常生活中榜样力量的潜移默化。在心理咨询门诊，人们发现孩子的心理问题有三分之二和父母的行为有直接联系，孩子的成长和发展在某种程度上是父母为人处世、行为规范的折射。

从心理学的角度讲，孩子的行为过程有着明显的具体形象性和不随意性。年幼的孩子缺乏知识和经验的积累，他们首先是通过感觉，也就是直观表象来认识外界事物。孩子的学习方式主要是模仿，他们所模仿的第一个对象就是自己的父母，所以说父母不仅是孩子的第一任教师，也是第一个榜样。许多子女的行为举止之所以像父母，与其说是因为遗传，不如说是早期模仿的结果。

家庭环境和家长的言行在孩子的个性形成中起着重要的作用。家长的思想道德素质，家长对美丑、善恶、是非的态度都会影响到孩子。如果家长为人诚恳，言行有礼貌、讲文明，孩子看得见也学得到，天长日久，熏陶和感染的作用就会突显。如果家长对别人的态度粗暴，行为失态，缺乏教养，那么这样的家长培养的孩子不大可能成为一个有教养的人。所以有人说："父母是孩子的一面镜子，孩子是父母的影子。"

故事一：搜狐网 2018 年 4 月 24 日登载了一篇题为《感恩教育系列之家长榜样的力量》的文章，文章讲到一个儿媳妇虐待自己的公公的故事。她用一只破木碗给公公吃饭，一天她发现自己年幼的儿子手中拿着一块木头又削又剜，她问儿子打算用这块木头做什么，儿子头也不抬，回答说："等你老了，给你吃饭用。"

故事二：搜狐网 2019 年 10 月 30 日登载了一篇题为《最好的家庭教育是言传身教》的文章，文章提到这样一个故事：有一户人家，共有五口人，一对夫妻，两个老人，还有一个孩子。有一年，因为家里干旱，粮食收成少了很多，只能每天省吃俭用才能勉强过下去，再加上老人行动不便,夫妻俩感觉两个老人是累赘。因此夫妻俩决定,晚上时将两个老人放入篮子,丢入大山。正当这对夫妻放下老人准备离开的时候,他们的孩子就说:"爸爸妈妈,爷爷奶奶可以丢在这里。但这个篮子我们要带走哦。"夫妻俩很诧异,问孩子道:"我们要这篮子做什么?"孩子回答说:"当你们老了的时候,我就可以用这个篮子将你们也带到山上啊。"

这两个故事告诉我们,在家庭教育中,家长自身的道德修养对孩子的影响有多大。有一句老话说得好:"上梁不正下梁歪。"父母要求孩子听话,而自己却在老人面前态度乖戾;父亲要求孩子不能吸烟酗酒,而自己每天吞云吐雾,经常酩酊大醉;父母告诫孩子学习很重要,而自己整天却只会追剧、刷手机屏幕;父母要求孩子好好奋进,不搞歪门邪道,而自己不是打麻将就是睡懒觉;父母苦口婆心告诉孩子要阅读,自己在家中却从来不读书;父母批评孩子玩手机,而自己却拿着手机玩个不停;父母告诉孩子要与人为善,不在背后说人坏话,而自己却总喜欢对别人的事说三道四;父母告诉孩子要遵守社会秩序公德,而自己经常随意穿越马路,经常在公众场所大声喧哗。长此以往,生活在这样的家庭环境中的孩子,肯定是缺乏孝心,知行不一,口是心非。

家庭教育不像学校教育那么系统和规范,家长的行为常常是在无意中影响孩子。只要家长言行不一,无论如何说教,也难使孩子口服心服,甚至还会使孩子滋生逆反心理,从而对人生采取一种玩世不恭的态度。所以,身为家长,必须随时随地检查自己的言行,用自己的行为规范教育孩子。家长要求孩子相信的道理,自己首先应该相信;家长要求孩子做到的事情,自己首先应该做到;家长要求孩子不做的事情,自己也不做。即使家长偶然疏忽做错了事,也要放下家长的面子,向孩子说明自己的错误并及时纠正。这样做有利于孩子辨别是非、知错就改和实事求是。

也就是说,父母是什么样,远比为孩子做什么更重要。尤其在孩子还小、对世界还没有形成是非观念的时候,父母的一言一行就是孩子的标杆。孩子会在耳濡目染中不断模仿父母，既模仿其做事的方式，又模仿其做人的品德，时间长了就会内化成孩子自己的性格和习惯，伴随他一生。

等孩子大了，即便可以分辨父母行为的对错，但大多数情况下也很难逃离长期以来家庭环境的影响，最终还是会成长为接近父母的样子。而孩子的成长又是一个不可逆的过程。所以作为孩子的养育者，父母必须重视自己的榜样作用，对自己严格要求，懂得学习与反思，不断地改进自我，以身作则。

教育是一个润物细无声的过程，成为父母并不意味着放弃自己的进步，不意味着把所有的劲都使在孩子身上。父母对孩子提要求之前，需要先做好自己；或者说父母只要做好自己，就已经为孩子竖起了标杆，提出了要求。父母树立的良好榜样，会让孩子随时反思自己的一言一行，不断向父母靠近，这是一种内在的驱动力，比枯燥的说教更能让孩子感同身受。而父母在以身作则的过程中，也能时时反思自己的行为，不断调整，从而与孩子之间达到更好的亲子相处模式。

教育孩子的方法多种多样，但说到底，你想要孩子成为什么样的人，最好的办法是自己先从生活点滴中给孩子树立榜样。在孩子身上留下不可磨灭印记的，可能是老师，可能是明星，可能是社会模范，而更可能的是父母和家庭。

所以，身为父母，要修养自身良好的品格，要诚实守信，宽容大度，不随意评价别人，注重情绪管理。父母做到这些，孩子才会拥有良好的品质和健康的人格。

身为父母，要养成良好的生活习惯。要作息规律，讲究整洁，物品用完回归原处，做事有计划有条理。父母做到这些，孩子也受到熏陶，养成良好的习惯，受益一生。

身为父母，要营造良好的家庭阅读氛围。要热爱读书，要有良好的阅读习惯，或是每天安排一个固定的时间段和孩子一起阅读。父母做到这些，孩子的阅读习惯很容易养成。

总而言之，父母的榜样力量不是抽象的，而是藏在生活的点点滴滴当中；父母的榜样价值难以用金钱来衡量，但对孩子而言，却是一笔巨大的财富。

5.5　尊重子女人格原则

家长承认子女有独立的人格和尊严，子女与父母在人格上完全平等，并在家庭教育实践中贯彻这一观念的原则。尊重、信任孩子是来自父母对子女的了解与爱护，它可以满足孩子的心理需要，有利于激发他们的自尊、自爱心理，培养其良好的个性。它要求家长做到：(1)了解子女身心发展的需要；(2)尊重子女的个性和合理的要求；(3)需要子女去完成的任务，应与他们商量，不滥施父母"权力"，强迫其绝对服从；(4)父母有错，要允许子女批评和勇于自我批评；子女有错，要在尊重其人格前提下及时指出，帮助其改正，不进行体罚、变相体罚及谩骂。

孩子除了有吃好穿好的需要外，还有渴望得到尊重、渴望独立自主、渴望自由创造的需要。尊重孩子，就要把自由和独立还给孩子，让孩子自主选择，自由探索。家长要理解孩子的愿望，看到孩子的努力，赞赏孩子的"成就"，并鼓励孩子敢于维护自己的合法权利。了解孩子的需要并尊重孩子的选择，这是落实尊重子女人格原则的前提。很多家长有一种强烈的企图，就是把孩子塑造成某种预先设定的样子，所持有的理由就是"他(她)是我的孩子"或者"父母有权利用最好的方式影响自己的孩子"，这种想法经常导致父母强烈地试图去影响孩子，使孩子成长为他们定义的孩子。看重体育的父亲，常常会希望儿子的兴趣和天赋都和体育有关；看重外貌的母亲，不希望自己的女儿不修边幅；喜欢音乐的父母，会希望自己的孩子对音乐有兴趣并拥有音乐方面的造诣；重视学术能力和成绩的父母，常常对一个缺乏智慧的孩子表现出深深的失望……以上种种，都是家长不尊重孩子人格的表现。

在儿童成长道路上，成人要做的仅仅是引导，提供给他们环境。儿童有自身思想，有自我保护、自我学习的能力，他们通过自己的行为获取经验，并最终形成知识，他们在这个过程中会形成自己发展的方向和道路。如果成人将自己获取的经验强加于儿童，就剥夺了儿童自我完善的权利，就是对儿童人格的不尊重。如果父母尝试去掌控孩子的一切，就是对子女人格的不尊重，中国的很多父母尤其如此，喜欢干涉孩子在以下各个方面的选择：在学生时代要不要当班干部？能不能早恋？是读文科还是理科？要考什么样的大学？读什么专业？大学毕业以后是要去企业工作还是考公务员？这种干预越多，越不利于孩子独立人格的形成。站在孩子的角度来看，每个孩子都有自己的想法，他们希望父母尊重自己的意见，如果受到家长的干预或压制，孩子感觉到自身的人格得不到尊重，就会觉得非常沮丧。

人非圣人，孰能无过？尊重孩子的父母如何面对自己在子女面前犯下的错误？下面这个案例可供参考——

📋 **案例**

搜狐网 2020 年 9 月 5 日登载了一篇题为《尊重孩子的人格》的文章，该文提到美国儿童教育心理学家吉诺特曾经在纽约州少年教育协会做过一次演讲："一天，家里来了客人，在吃饭时，四岁的女儿安妮连喊味道不好，将一个吃了一半的肉丸子吐到地板上。肉丸子是上午才买的新鲜肉做的，并没有异味。我想，这一定是她犯"人来疯"，故意调皮捣蛋，在众多客人面前这样不文明，我呵斥道：'安妮，你太不礼貌啦！'当时，女儿虽没有哭出声，但眼泪像断了线的珠子往下掉。饭后客人走了，我将女儿的事讲给妻子听。妻子却说这件事不怪女儿，怪她自己。原来，前一天晚上吃剩的几个肉丸子忘了放冰箱，今天上午妻子在烹饪肉丸子时，顺手将吃剩的几个肉丸子也放了进去，女儿吃的肉丸子肯定是昨天剩的。看来，我错怪了女儿。我向女儿道歉，女儿说：'我一直在等你道歉呢！你终于道了歉，算你还是一个诚实的爸爸。'"吉诺特说："父母对孩子负有管教的义务，孩子做错了事，父母有责任批评教育，有时不妨严格一点。但是，在人格上孩子与父母是平等的，孩子也有自尊心。当父母一时疏忽错怪了孩子，就应该诚恳地当面向孩子承认错误，求得孩子的谅解。这样不但不会损害父母在孩子心目中的威信和尊严，而且通过感情上的平等交流，会使孩子与父母之间的关系更加融洽，使孩子增强明辨是非的观念。"

尊重子女的人格，还可以使父母避免一些错误的言行。女作家萧红在《回忆鲁迅先生》中讲了这样的一个案例——

📋 **案例**

女作家萧红在她的散文名作《回忆鲁迅先生》(长江文艺出版社2018年12月出版)中讲了这样一件事：鲁迅先生全家和萧红有一次在上海一家福建菜馆里吃饭，饭桌上有一道菜是鱼丸子。鲁迅的儿子海婴一吃鱼丸子就说不新鲜，许广平不信，别的人也都不信。而事实上，那鱼丸子有的新鲜，有的不新鲜，许广平和其他人吃到嘴里的恰好都是新鲜的。许广平又给海婴一个，海婴一吃，又不是新鲜的，他又嚷嚷。鲁迅先生没有责备海婴挑食，而是把海婴碟里剩下的鱼丸子拿来尝尝，果然不是新鲜的。于是鲁迅先生对其他人说："他说不新鲜，一定也有他的道理，不加以查看就抹杀是不对的。"

这个案例显示了鲁迅先生对儿子海婴人格的尊重，尊重孩子既是爱孩子的一种具体表现，也是爱孩子的真正内涵。离开了尊重的爱是不全面的，甚至是畸形的，会影响孩子心智的正常发展，难以使孩子形成健康的人格。中国科学院心理学研究所博士生导师张梅玲说："没有爱就没有教育，没有尊重就谈不到爱。"青少年教育专家孙云晓说："教育孩子的前提是了解孩子，了解孩子的前提是尊重孩子，没有尊重和了解，就没有教育。"黎巴嫩诗人纪伯伦在《论孩子》中也写道："你的儿女，其实不是你的儿女。他们是生命对于自身渴望而诞生的孩子。他们借助你来到这世界，却非因你而来，他们在你身旁，却并不属于你。你可以给予他们的是你的爱，却不是你的想法，因为他们有自己的思想。你可以庇护的是他们的身体，却不是他们的灵魂，因为他们的灵魂属于明天，属于你做梦也无法到达的明天。"

5.6　一致性原则

家庭中家长对子女的教育在理念、态度、要求、内容和方法等方面应力求一致的原则。教育一致，可形成强有力的教育合力，更好地促进子女的发展；教育不一致，易使孩子是非难辨，无所适从，甚至形成两面行为，使得家庭教育效果互相抵消。一致性原则要求：(1)所有家庭成员教育子女思想要统一，言行要一致；(2)家庭教育前后要一致；(3)对孩子要求要全面，不应任意偏废；(4)家庭教育应与幼儿园教育、学校教育、社会教育一致；(5)多子女家庭中，对所有子女宽严要求要一致。

在现实家庭教育实践中，我们常常可以看到这样的现象：有的家长今天要孩子真诚待人，明天又对孩子说"做人太诚实会吃亏"；孩子把雨伞让给同学打，自己被雨淋湿了，父亲赞扬他这种行为，而母亲却数落孩子；爸爸要求孩子周日上午先学数学，妈妈要求孩子先学语文；爸爸妈妈严格要求孩子，祖父母对孩子百般娇惯；学校要求孩子德、智、体、美、劳全面发展，家长告诉孩子"只要学习好，其他的都无关紧要"；社会倡导助人为乐、无私奉献，家长经常对孩子说"只有傻瓜才会那么做"；家长要求孩子勤奋学习，自己却有空就玩手机，从来不摸书本……这些都违背了家庭教育的一致性原则，家长教育思想的不一致会使孩子不能形成统一的价值尺度和判断是非的标准，失去应有的道德判断能力，还可能导致孩子形成见风使舵、撒谎成性、爱做表面文章等不良人格，甚至严重影响孩子正确的人生观、价值观的树立。

要避免这些危害，首先要求家庭成员的教育观念、教育目标、教育态度一致，形成家庭教育合力，收到预期的教育效果。当然，家长由于各自的成长经历不同，文化水平与性格特点也存在差异，所以在对待孩子的教育问题上产生不同的观点和提出不同的要求是正常的。一旦出现分歧，家长不要争吵，更不能当着孩子的面争吵，把分歧暴露在孩子面前。家长可以心平气和地弄清情况，找出原因，想出办法。如果没有原则性的分歧，家长完全可以求大同存小异，协调解决。在老一辈家长中，文盲和缺乏教育知识的占有相当大的比例，年轻一代的、有文化的父母应在加强自我学习的基础上，耐心向长辈普及教育知识，如讲一些生动有趣的教育故事给长辈听，一起讨论电视里或书本里的相关教育案例，一起到学校参加"家长学校"课堂等。

　　其次要求家庭教育与学校教育、社会教育一致。苏联著名教育家苏霍姆林斯基在他的著作《给教师的 100 条建议》中说："教育的效果取决于学校和家庭影响的一致性。如果没有这种一致性，那么学校的教学和教育的过程就会像纸做的房子一样倒塌下来。"这一论断充分说明了家庭教育与学校教育保持一致性的重要性。社会教育即社会环境，包括社会自然环境和社会人文环境，社会环境对孩子的影响有积极的一面，也有消极的一面。家长对社会现象的评价、参与社会活动的方式，对孩子形成正确的世界观和培养孩子的社会责任感都有很大的影响。因此，家长应注意自觉遵循社会主义核心价值观，并以此作为标准和指南来评判社会现象，教育、引导并鼓励孩子融入社会主流文化，遵守社会公德。

5.7　教育与生活相结合原则

　　家庭教育与生活结合、寓教育于生活之中的原则。这是由家庭教育的特点决定的，一是家庭教育的实施过程是与家庭生活融为一体的；二是子女的生活条件和环境本身就是一种潜在的教育因素。只有把教育与生活结合起来，才能充分发挥家庭生活的优势。它要求：（1）家长要为子女创造一个良好的家庭生活环境和制度；（2）加强家庭成员的修养，重视家庭人际关系、家庭气氛和生活作风等方面的建设；（3）善于抓住生活中的教育时机，因势利导教育子女。

◯ 知识专栏

　　"生活教育"是中国现代杰出的人民教育家陶行知先生的教育思想的核心。"生活教育"中的广义的"生活"当然包括狭义的"家庭生活"，家庭生活多姿多彩，融合了健康、语言、科学、艺术、社会等多个领域的内容，孩子在家庭生活中无时无刻不在经历着生动而丰富的变化，家长可以在家庭生活中因势利导，把教育和生活结合起来。

我们看看搜狐网 2022 年 7 月 9 日登载的题为《教育部精选的 32 个育儿案例》中的三个案例，这三个案例与教育相关、也是生活中最基本的衣食住行方面的案例——

📋 案例一

　　女儿放学回家路上要经过一个童装店，她看到店里摆设的各种衣帽鞋袜，坚决要买点什么，我坚持没买，女儿气得直哭，说我根本不爱她。晚饭后，我对女儿说："这世界上有很多好东西，包括好玩的玩具、漂亮的衣服、可口的点心，很多很多，但我们不可能全部拥有。有时候喜欢了，欣赏一下就可以了，就像我和妈妈看上了一栋漂亮的房子，不会拿自己全部的积蓄去买，但是可以欣赏欣赏。我没给你买衣服跟爱不爱你没有关系。"这时女儿已经想通了。后来再经过童装店时，女儿比较理性了，没有发生哭着要买的情况。

对孩子提出的不合理的物质要求，要像这位家长那样去合理引导，如果孩子是通过买东西向家长索要"爱"，家长要告诉孩子："我没给你买，但我也是爱你的，我给你讲故事、陪着你玩、为你做好吃的，这都是在爱你！我爱你的方式有很多种，不只是给你买礼物这一种！"

📋 **案例二**

> 侄子有什么好吃的东西总愿意和我分享，老爸对此"颇有微词"："什么东西都要给姑姑吃，爷爷奶奶要尝尝都不给，这孩子白疼了！"其实，侄子原来是很大方的，有好吃的都愿意和爷爷奶奶分享。但爷爷奶奶却经常逗他："好吃的也给爷爷奶奶分点啊！"孩子的手马上递了过去，他们却赶紧又说："爷爷奶奶不吃，你自己吃吧！"几次之后，侄子吃东西时就不再把爷爷奶奶当回事儿了。而当侄子与我分享时，我会道谢并真的与他分吃，还夸他的东西好吃，侄子也乐于与我分享。我老爸甚至还责怪我说："大人怎么还吃孩子的东西！"

孩子的心是单纯而美好的，他会把成人世界的每个要求都当真。成人在生活中要呵护并尊重孩子的这份单纯和美好，不要为了好玩或者表示亲昵而去逗弄孩子。生活中很多对待孩子的看似搞笑的无意之举，背后隐藏的往往是错误的教育观念或教育方式。

📋 **案例三**

> 在拥挤的公交车上。小女孩说："妈妈，这车怎么这么挤！"妈妈说："这是公交车，肯定人多呀。"小女孩还是不解地问："那上次我们坐公交车，不是可以坐着的吗？"妈妈接着说："宝贝，我们现在能站在车上不也是挺好的吗？一会就可以回家和爸爸一起吃饭啦，如果我们没上车，还站在车站吹冷风呢！"女孩笑着说："对呀，到家就可以和爸爸一起吃蛋糕了！"伴着母女的欢笑声，汽车继续行驶着。不一会到站了，她们开心地下车了。

童年是人格形成的关键期，儿时的心境会像底片一样成为人生永久的心理版本。生活中孩子们经常用纯净的目光注视着家长，用稚嫩的生命记录和储存着家长的一言一行，并在日后的生活中自然折射出来。面对生活中的一些不如意，这位妈妈用积极的心态去影响和改变孩子的心境，让孩子学会正向思考，在不如意中选择快乐。孩子拥有积极、平和的心态，就拥有了幸福的一生。

5.8 配合幼儿园原则

家庭教育积极、主动配合幼儿园教育，家、园共同教育子女的原则。幼儿园教育是有目的、有计划、有组织的教育。家庭教育则是幼儿园教育的起点。二者都是幼儿全面发展教育的有机组成部分。虽然形式内容有异，但最终目标是一致的。因此，他们应当密切配合。它要求家长做到：（1）要保持与幼儿园教育一致的教育观念；（2）定期与老师取得联系，介绍孩子在家的表现，也从老师处了解孩子在园情况，并与老师商讨如何促进孩子发展；（3）按时参加幼儿园举办的各类家长活动；（4）经常关心并支持孩子参加的由幼儿园组织的园外活动；（5）配合幼儿园的教育计划，安排孩子的日常生活与学习。

孩子上幼儿园以后，从家庭生活过渡到集体生活，有一个适应的过程，家长应鼓励孩子坚持天天上幼儿园，这就是家长配合的开始。幼儿园里的学习条件比家庭的更好些，学的知识更加系统、规范。家长要全面关心孩子的教养情况。如果仅仅关心孩子学会了几首儿歌，仅仅关心中午吃什么菜和下午吃什么点心，这是片面的关心。家长还应了解幼儿园对孩子进行了什么品德教育，孩子要达到什么样的教学要求，孩子是否参加了体育锻炼等。家长要了解这些，就要经常与幼儿园互通情报，交流教育经验。在幼儿园进行了某种教育以后，家长在家庭生活中应予以积极的配合，才能达到最佳教育目的。如幼儿园要培养孩子自理能力，家庭也应要求孩子自己穿衣、吃饭、洗漱，不要包办代替。幼儿园上课教孩子认识了秋天，家长应该带孩子外出看看秋天的大自然，看看周围人们的穿着在秋天发生了哪些变化，进而巩固孩子与秋天有关的知识，发展孩子的观察力和思维力。家长还可以向幼儿园老师反馈孩子在家受到教育的情况，家、园双方可以交流教育思想与教育方法，从而取得默契的配合。家长尤其要正确对待幼儿园老师对孩子的批评和表扬，有的家长一听到老师的批评就脸色不好看，久而久之与老师就有了隔阂，这样对孩子的教育是很不利的。家长如果对幼儿园老师有意见，可向园方领导反映，不要在孩子面前非议老师，数落老师，这样会对孩子造成不良影响。

5.9　及时与持恒相结合原则

家庭教育中，家长既要发现问题，及时处理，又要经常地、持之以恒地坚持教育的原则。及时是指：(1)及时了解子女实际情况；(2)发现优点或缺点，要"趁热打铁"，及时进行表扬或批评，不能"秋后算账"。持之以恒是指家庭教育要在日常生活中长期、持久地进行。贯彻此原则要做到：(1)要对孩子进行细致的观察，善于发现问题；(2)经常与老师联系，及时掌握孩子在园或在校情况；(3)教育子女要有长远观念，要有耐心和恒心。

关于及时教育，亲亲宝贝网的"幼儿教育"栏目 2019 年 2 月 25 日登载了这样一个案例——

📋 **案例**

有几家的家长相约带着孩子外出旅游，其中有个孩子自恃块头大，欺凌弱小，抢夺其他孩子的东西，大块头孩子的家长看在眼里，但并没有加以制止。此后他们再邀约几家人一同外出，其他的家长不约而同地拒绝了。

大块头孩子的这种行为看似为自己争取到了一些利益，但是伤害了其他孩子。这类"熊孩子"在今后的成长之路上可能会暴露出更多的问题，家长必须及时纠正和管教。被欺凌孩子的家长表面上能容忍"熊孩子"这样的行为，不会去当面指责别人的孩子，但是在他们心中留下了极坏的印象，此后可能不会再相约一起外出了。

关于持恒教育，《忠告天下父母：好的关系胜过许多教育》(孙云晓、张纯颖著，浙江少年儿童出版社 2007 年 2 月出版)中提到一个案例——

📋 **案例**

　　北京有一位妈妈很会教育孩子，他们一家三口都喜欢吃橘子。这位妈妈买橘子与其他人不同，她不是论斤买，而是按三的倍数买，每次吃橘子时一家三口同时吃。有一次，剩下最后三个橘子了，儿子拿着橘子没送过来，而是用眼睛看着爸爸妈妈，意思是就剩三个了，我想留下来一个人吃。妈妈给爸爸使了个眼色，一人拿一个吃起来。结果爸爸妈妈一边剥橘子，儿子一边流泪。后来这位妈妈说，今天的孩子不缺两个橘子，他缺的是心中要有别人，要想到别人，尤其是最容易被忽视的父母。

　　孩子心中有他人，才能够处理好和他人之间的关系。要让孩子心中有他人而不是唯我独尊，就需要父母关注平时的生活细节，持之以恒地、一点一滴地帮孩子养成这种品质。而这位妈妈正是从不让孩子吃独食开始培养的。

5.10　全面关心与因材施教相结合原则

　　家庭教育中，家长既要关心子女身心的全面发展，又要充分发挥孩子的特长原则。这是社会发展的需要，也是子女个体发展的需要。当前家庭教育中存在一些违背此原则的现象，如重营养保健，轻体育锻炼；重知识学习，轻个性培养；重一技之长，轻情操陶冶；重脑力劳动，轻体力劳动。家长贯彻此原则应该注意：(1)孩子的全面发展是身心诸方面发展的有机统一，不可任意偏废；(2)全面深入地了解孩子，当发现孩子有某方面特长时，要因势利导，加以特殊培养，并注意用鼓励的方法，防止扼杀孩子的兴趣。

　　优秀的家长在家庭教育中常常能够把对子女的全面关心与因材施教两

相结合，国学大师梁启超先生堪称其中的典范。

📋 **案例**

道客巴巴网 2016 年 12 月 15 日登载了一篇题为《梁启超家庭教育思想及其当代启示》的文章。文章提到梁启超在关心子女学业的同时，更注重培养子女的爱国情怀。他有九个子女，其中有七个先后到外国求学或工作，在国外都接受了高等教育，成为各自行业中的专家，完全有条件进入西方上流社会，享受优厚的物质待遇。但是，他们却无一人留居国外，都学成回国，与祖国共忧患，与民族同呼吸。

梁启超还很重视对子女进行道德品质方面的教育，并以自己崇高的道德情操为子女们树立起光辉的榜样。他要求孩子们从小就要艰苦朴素，要在艰苦的环境中锻炼自己。他说："生当乱世，要吃得苦，才能站得住，一个人在物质上的享用，只要能维持生命便够了，至于快乐与否，全不是物质上可以支配。能在困苦中求得快活，才真是会打算盘哩！"在他的教育影响下，孩子们个个都有艰苦奋斗的历史。

梁启超要求每个儿女在做学问方面既要专精又要广博，他在对梁思成的通信中指出："思成所学太专门了，我愿意你趁毕业后一两年，分出点光阴多学些常识，尤其是文学或人文科学之某部门，稍多用点功夫。我怕你因所学太专门之故，把生活也弄成近于单调；太单调的生活容易厌倦，厌倦即为苦恼，乃至堕落之根源。"他以自己为例说："我生平趣味极多，而对于自己所作的事，总是作的津津有味，而且兴趣淋漓，什么悲观咧，厌世咧，这种字句，我所用的字典里头可以说完全没有。"他要求次女梁思庄"在专门学科之外，还要选一两种关于自己娱乐的学问，如音乐、文学、美术等"。

梁启超在家庭教育中还很注重因材施教，注意引导孩子们追求知识的兴趣，培养他们好学深思的习惯，根据每个孩子的特点并以平等商量的方法设计每个孩子的发展方向。当学建筑的梁思成在美国完成学业之后，梁启超要他到欧洲考察两年，再结合对中国古建筑的考察研究，以便形成自己的学问。当学考古的梁思永完成了在美国的学业之后，梁启超立即安排他回国实习并收集中国的有关史料。

正因为梁启超先生在家庭教育中能够坚持全面关心与因材施教相结合原则，所以他的九个子女人人都有出息，在中国民间赢得了"一家九子女，个个皆龙凤"的口碑。

📝 思考与讨论：

1. 家庭教育原则包含了哪些基本内容？

2. 家长在遵循发展性原则时应注意哪些事项？

3. 家长在遵循尊重子女人格原则时应注意哪些事项？

4. 家长在亲子之爱中需要强调哪些原则？

5. 生活教育有哪些基本内容？如何把教育与生活结合起来？

第六章　家庭教育方法

📝 **本章学习目标**

　　通过本章的学习，读者应了解和掌握下列内容：

- 合理的家庭教育方法包含的内容
- 行为改变技术的基本原理
- 家长实施奖励法和惩罚法时应该注意的事项
- 范型法对家长的基本要求
- 暗示法的基本类型

　　家长在教育子女时所采用的具体措施和手段。可分为培养性教育方法、矫正性教育方法和错误性教育方法。科学的教育方法表现为：（1）遵循孩子身心发展的年龄特点和个性特点；（2）依据具体的目标、任务和家庭客观条件的许可；（3）既符合孩子实际，又为孩子乐于接受；（4）根据教育情感的变化，随机变换与之相应的方法，并注意发挥多种方法的综合效益。它是实现家庭教育目的与任务的关键。要大力提倡科学的家庭教育方法，努力克服主观随意性和盲目性。

6.1　行为改变技术

　　家庭教育中，家长用来改变子女行为的一种策略。其基本原理是：（1）每个人的行为都是学来的；（2）所有的行为都有前因后果，前因就是行为外来刺激，减少它就会削弱这种行为；（3）行为都受其后果的影响，愉快的后果对行为有增强作用，不愉快的后果对行为有减弱作用；（4）如要培养一种行为，则可在行为之后安排增强物，增强应是立即的；（5）复杂的行为可分步骤进行，有行为逐步塑造和刺激逐步消退两种方式。奖励、惩罚、自然后果等都是行为改变技术在家庭教育中的运用。

📋 **案例**

　　豆丁网2013年2月22日登载了一个行为改变技术的实践案例，案例中的男孩童童3岁零3个月，是重庆某幼儿园中班学生。童童的家庭是一个典型的"421"家庭，童童与父母、爷爷、奶奶一起生活。童童的母亲经常在外出差，童童的父亲是一名中学教师，工作状态相对稳定。童童的爷爷奶奶都已经退休，童童的日常生活由爷爷奶奶照顾。童童每周星期六和星期天在外公、外婆家度过。由于童童的父母都是独生子女，所以双方的老人都十分宠爱这个唯一的孙子，做什么事情都顺着童童的喜好，使童童养成以自我为中心的意识，性格倔强，依赖心理特别强。后来爸爸妈妈发现童童刷牙时有吃牙膏的习惯，就批评了他，但每次受到批评，童童就躲到爷爷奶奶那里，吃牙膏的坏习惯还是没有改变。后来，童童一家决定在心理咨询师的帮助之下，通过行为改变技术来纠正童童吃牙膏的坏习惯。

　　心理咨询师建议先让童童模仿爸爸，完成正确的刷牙过程，完全吐出牙膏泡沫，模仿成功就会得到一定数量的代币奖励。模仿一段时间后，由童童独自完成正确的刷牙过程，完全吐出牙膏泡沫，独自成功完成后也会得到一定数量的代币奖励。在这个过程中，如果童童再次吃牙膏，就会受到扣除一定数量的代币的惩罚，这时爷爷奶奶不得干预，哪怕童童受到惩罚时会哭闹。童童获得的代币可以换取自己喜欢吃的水果等其他食物，也可以换取自己喜欢的玩具等。爷爷奶奶不干预童童受到的处罚减弱了童童吃牙膏的行为，童童受到奖励则强化了他正确的刷牙习惯。通过采用行为改变技术和全家的共同努力，童童最终有效地矫正了吞食牙膏的坏习惯，建立了正确的刷牙行为。

6.2 培养性教育方法

家长为达到预期的教育目的，有计划地对孩子实施训练和教育，使之逐渐形成良好的个性品质和行为习惯的方法。家庭教育总的来说是一种培养性教育。培养性教育方法主要有：奖励法、陶冶法、积极范型法、实践法等。

中国传统家庭教育的精华是注重教子做人，采用的都是培养性教育方法。流传至今的一些家规、家训、家范，也生动地诠释着培养性教育方法。

📖 **案例**

百思特网 2012 年 4 月 9 日登载了一篇题为《郑板桥教子》的文章，文章提到：清代大画家、"扬州八怪"之一的郑板桥，虽 52 岁才得一子，取名宝儿，但对其管教甚严，从不溺爱。他在病危时把儿子叫到床前，指名要吃儿子亲手做的馒头。父命难违，儿子只得勉强答应。可他从未做过馒头，请教了厨师，费了九牛二虎之力，终于做好馒头，喜滋滋地送到床前，谁知父亲早已断气。儿子跪在床边，哭得像泪人一般，忽然发现茶几上有张信笺，上面写着几行诗句："淌自己的汗，吃自己的饭，自己的事情自己干，靠天、靠地、靠祖宗，不算是好汉。"

郑板桥的教子方法给了我们一个深刻的启示：家长应该教会孩子学会"动手"，掌握一些基本的生活技能，使孩子在实践中学会自立。

6.3 矫正性教育方法

家长对子女的学习和行为上的过失实施补偿教育的方法。年幼儿童知识积累少、认识水平低，又喜欢模仿，很容易产生过失。家长要依据孩子过失的性质、程度及其年龄、个性特点，有的放矢地选择教育方法进行教育，促其改正，矫正性教育方法主要有：惩罚法、冷处理法、自然后果法等。

矫正性教育方法是相对培养性教育方法而言的，培养性教育方法侧重启发、鼓励、感化、熏陶、诱导，而矫正性教育方法主要指批评和惩罚，其目的是使孩子认识到自己的缺点、错误或过失，从中汲取教训，不再重蹈覆辙。但在现实的家庭教育中，有些家长教育目的不端正，喜欢通过批评、惩罚的手段达到"出气"的目的。这样做容易伤害受教者的感情，甚至造成孩子与家长之间的对立情绪。

📎 知识专栏

家长使用矫正性教育方法的时候，要注意时间、地点与场合，不能不分时间、不分场合地乱批评、乱惩罚，尤其是要避免当着他人的面批评孩子。批评时还应坚持一分为二的原则，对被批评者的优点和成绩应注意肯定，不能因其一时的错误而对被批评者全盘否定，一棍子打死。

6.4 奖励法

家长对子女良好的思想、行为和进步加以正面强化以促使其保持的方法。奖励可分为精神奖励和物质奖励。它可以给孩子带来精神愉悦和满足，增强其自豪感、自信心和进取心，激发其滋生追求更高目的的愿望和要求。家长实施奖励法应注意：（1）奖励要实事求是，恰如其分，及时又适时；（2）选择奖励方式应以孩子的需要为基础，以精神奖励为主，物质奖励为辅；（3）物质奖励要与说理相结合；（4）奖励不宜过滥。

著名的儿童教育心理学家陈鹤琴认为，孩子都有一个共同的心理特征，那就是喜欢称赞、鼓励、赞许，不喜欢被禁止、阻挠或批评。因此，陈鹤琴主张给孩子积极的鼓励："无论什么人，受激励而改过，是很容易的，受责骂而改过，是不太容易的，而小孩尤其喜欢听好话，而不喜欢听恶言。"因此，在孩子遇到困难及障碍时，不要急于给孩子帮助，而是要鼓励他自己去克服。孩子经过自己的努力，终于取得了成功，父母要及时赞扬孩子，孩子的意志力就会得到正面的强化。特别是对幼儿，家长要注意他们在活动中通过努力表现出来的点滴进步，适时、适度地给予肯定和赞赏，温存的微笑、亲切的抚摸、激赏的语言，对孩子都是鼓舞，都是奖励。

6.5　惩罚法

家长对子女的不良思想、行为做出否定反应，以促使其改正的方法。可分为精神惩罚和物质惩罚。适度的惩罚能引起孩子内疚、痛苦、悔恨的情感，使其明辨是非善恶，培养自制力，还可以提高其抗挫折的心理水平。但是，惩罚不当，会给孩子造成各种心理障碍和行为问题，如攻击性行为、认知不协调、丧失自尊心、退缩等。家长实施惩罚法应该注意：（1）明确惩罚只是一种教育手段，目的是纠正子女不良思想行为，防止体罚和变相体罚；（2）惩罚要公正合理，避免不说理由的惩罚；（3）惩罚要注意时间与场合；（4）尽量少用或慎用惩罚法。

前几年，"三天就挨一顿打"的"北大三子女"、严冬里"裸奔"的"纽约南京娃"、高烧时的"自动康复疗法"等使用惩罚法的极端家庭教育案例层出不穷，"虎妈""狼爸""鹰爸"等语词也由此逐渐进入了社会的舆情视野，并将"家庭教育"这一事关千家万户并持久赓续的热点话题一次次点燃，推向了舆论的风口浪尖，占据了众多大众传媒头版头条的醒目位置，一度成为平面媒体的主流话语，引发了无数家长、学生、媒体人及有关专家学者的参与热情。

📄 案例

腾讯网 2011 年 11 月 16 日登载了一篇题为《"狼爸"将三子女打进北大称不是家暴是家法》的文章，该文讲述了"狼爸"萧某把三个孩子打进北大的事情，一度引发了媒体的热议。记者后来采访萧某在北大就读的长子，长子对父亲这种教育方式并不认可，他说自己小学时曾沉迷于植物研究，阳台上摆满他种的花花草草，但只因一次降幅不大的考试成绩，他被父亲勒令将全部植物扔进垃圾桶。后来，他对植物的兴趣就仅限于帮妈妈种些葱姜蒜了。因为父亲的"暴政"，他曾经一度想过离家出走，但却始终下不了决心。

上海社科院青少年研究所所长杨雄认为："家长打孩子和孩子进北大没有直接的逻辑关系，孩子光靠打是进不了北大的，这位'狼爸'一定还有很多教育理念和多元的教育方法被忽略了，这是更需关注的背后因素。"华东师范大学心理咨询中心主任叶斌也认为要尽量少用或慎用惩罚法："虽然中国的传统家教是打，但现在很多家庭都不打孩子了。这种环境下，孩子如果被家长暴打，就会受到更大创伤，觉得其他家长不这样，为什么我的家长这样，进而觉得父母不爱他，产生自卑心理，对未来成长很不利。从小挨打可能给孩子造成早期心理创伤，产生不被爱的感觉，造成心理上的不安全感。……打孩子有风险，弄不好就会走向反面。其实有很多孩子不被家长打，长大后也照样成功。"

6.6　范型法

家长利用典型任务和事例来教育孩子的方法。特点是具体化，有说服力。它能有效地培养孩子良好的道德行为和学习、生活习惯，克制和消除不良行为和习惯，范型可分为积极范型与消极范型。前者对孩子有促进作用，后者有反面教育作用。范型法要求家长：(1)加强自身修养，给孩子树立积极范型；(2)善于利用孩子周围环境和图书影视中的典型任务和事例进行教育，并伴以说理，尤其说明消极范型的不良后果；(3)给孩子创设学习积极范型的实践机会，并给予及时的鼓励；(4)不用积极范型的优点去比孩子的缺点，更不能借机讽刺、挖苦孩子。

孩子由于年龄小，辨别是非真假的能力、意志力、坚持力很差，责任意识尚未巩固成形，他们常常是以积极范型的行为作为其判断的主要依据，并且通过无意识模仿而习得相应的语言、行为、习惯。孩子模仿积极范型的语言、行为、习惯有如下几个阶段：先是榜样人物事迹使孩子感动，让孩子有惊叹、佩服、敬慕之心；再是这些事迹内化为孩子的认识和需要、激情，使其产生跃跃欲试之念；最后付诸行动，模仿或由模仿进化为自身的自觉行为。孩子身边的积极范型，可以是历史英雄人物，可以是身边各行业优秀人物，也可能是教师、父母或者孩子的玩伴。特别是自古流传至今很多英雄人物事迹，都是对孩子进行正面教育的积极范型。家长可以使用英雄人物事迹影片、故事、书籍作为培养孩子的教材，丰富孩子的心灵，培养孩子对家庭、对社会、对国家的责任感，形成孩子正确的"三观"。

6.7 暗示法

家长用眼神、表情、手势、语言或家庭特定环境对孩子施加教育影响的方法。具有强制性、潜在性、易接受性。它可以保护孩子的自尊心和人格不受损伤。暗示法可分为：(1)直接暗示；(2)间接暗示；(3)反暗示；(4)自我暗示。家长使用暗示法要注意：(1)亲子间要建立充分的信任和融洽的感情；(2)亲子间很熟悉对方传递信息的行为模式；(3)反暗示法应与说服教育结合使用。

长春教育网的"家庭教育"栏目 2020 年 12 月 12 日登载了一篇题为《教育孩子的四种暗示法》的文章，该文提到了家长用暗示法对孩子进行教育的四个成功的案例——

📋 **案例一**

> 吃过晚饭，爸爸给东东讲故事。讲着讲着，东东的双手搞起了小动作。爸爸没有停下来，不过他用眼睛紧盯着儿子的小手。不一会儿，东东醒悟了过来，双手安静了。

这是眼神暗示。眼神暗示就是用眼睛把要说的话、要表示的态度暗示出来，这是一种无声的语言，甚至比语言能更细腻更清晰地表达感情和态度。

📋 **案例二**

> 家里来了客人，瓜瓜有了小伙伴高兴得忘乎所以，发起了人来疯。他一会狂笑，一会尖叫，连爸爸的眼神也视而不见。于是爸爸猛地皱起了眉头。这下，瓜瓜总算看到了，声音也降低了不少。

这是表情暗示。表情比眼神表现得更明确，人的表情能传达多种信息，比如肯定、同意、可以、不能、不该等，对暗示对象形成刺激，使暗示对象作出反应。孩子做了好事，你流露出赞赏的表情；孩子经过努力，解开了一道难题，你对他会心地笑笑——这些都是一种暗示，也是一种最好的激励。

📋 **案例三**

> 浩浩早上起床后从不叠被，妈妈提醒过几次，但效果不理想。一次，妈妈告诉浩浩，今天遇到楼下亮亮的妈妈说亮亮真乖，每天总是自己把床被打理得整整齐齐。浩浩听后表面上不以为然，但渐渐地自

己动手学会了叠被。

这是语言暗示。既然是暗示，就是当要表扬或批评时，不用言语直接说明，而采取一种迂回的方法，用讲故事、打比喻、做比较等方式把自己的观点巧妙地点出来，让孩子心领神会，在一种柔和的气氛中接受教育。

▤ 案例四

周末，晚上9点多了，小飞还坐在电视机前。妈妈一言不发，却站起来把孩子床上的被子铺开，自己也停下手中的工作，上床休息。妈妈无声的语言提醒了孩子，小飞马上走进了自己的房间。

这是动作暗示。动作暗示就是用体态语言把自己的想法表露出来，从而教育孩子。家长辅导孩子做作业时，发现孩子坐姿不正，可以面对孩子做几个挺胸的动作，并书写一两个字，让孩子接受这些暗号，他就会学着做出反应。小孩子需要大人的爱和注意，特别是当他有了良好的行为表现，父母不只是在口头上赞许他，还可以亲一亲他，拍一拍他，抱一抱他，父母这些点点滴滴动作表达了对孩子的感情和鼓励，从而建立他的自信。

6.8　陶冶法

家长创设有教育意义的环境，使子女置身其中，受到熏陶和感染的方法。陶冶法具有耳濡目染、潜移默化的特点。它能让孩子在不知不觉中接受无声的教育，对孩子的心理和行为的健康发展起着导向作用，有利于培养孩子良好的情感和行为习惯。陶冶法的主要形式有：(1)加强家长自身修养，给孩子以身教熏陶；(2)创设和谐的家庭情感气氛，陶冶孩子爱学习的品质；(3)创设丰富多彩的文化生活环境，借助艺术美陶冶孩子的性情；(4)走入大自然，让孩子接受自然美的熏陶。

陶冶法重视家庭环境中的各种教育因素对孩子的潜移默化作用，这些教育因素会使孩子耳濡目染，心灵受到感化，这个过程是在孩子无意识的心理活动中去完成的。它不像说理那样，孩子明白了道理就能及时产生效果。它需要较长时间的定向陶冶，才会使孩子形成较明显的个性品德。

家庭环境分为两个方面：一是家庭外部环境，孩子所生活的家庭外部环境对其思想品德具有潜移默化的影响，我国古人就对此十分重视，"孟母三迁"的故事即为典型，至今流传；二是家庭内部环境，孩子交往最多的对象是父母、兄弟、姐妹、爷爷、奶奶，因此家庭关系和谐，尊老爱幼，移风易俗，文明上进，都有益于孩子的健康成长，能促进孩子良好品德的形成。

💬 知识专栏

很多父母都希望自己的孩子有高尚的情操。父母要陶冶孩子的高尚情操，可以以历史与现实生活中的英雄人物的光辉业绩为案例，通过讲故事、看电视等孩子容易接受的形式，不失时机地来教育培养孩子，把中华民族传统美德等点点滴滴地渗透给孩子。此外，父母不能忽视孩子在日常琐事中表现出来的不良情感，如骄傲、浮夸、嫉妒、冷漠、空虚、残忍等，因为高尚的情操与这些不良的情感是不相符的。一旦发现这些不良的情感在孩子身上萌芽，父母要随时果断根除。

6.9　冷处理法

家庭教育出现僵局时，家长采取暂时不予理睬、等双方平静以后再作处理的方法，它可以使家长避免因感情用事而造成对孩子身心的伤害。有助于家长充分地了解情况，客观、冷静地分析问题、解决问题。同时，冷处理期间，孩子不知道家长对自己所犯错误作何处理，一般不会再犯类似错误，而是冷静下来反省思过，做好接受教育的思想准备。家长使用冷处理法应注意：（1）冷处理不是不处理，更不是迁就孩子的过错；（2）要学会控制自己的情绪冲动；（3）家庭成员要配合教育。

新浪网的"中小学教育"专栏 2010 年 10 月 13 日登载了一篇题为《"惩罚"方式有技巧，冷处理让孩子体验后果》的文章，该文提到了家长用冷处理法对孩子进行教育的两个成功的案例——

📋 案例一

贝贝在公共场所比较闹腾，贝贝妈妈知道孩子闹是为了吸引大人的注意或者通过这种方式来达到他的某些目的。只要贝贝不影响到别人，贝贝妈妈一般都不会生气也不会制止，随贝贝闹去；如果贝贝影响到别人，贝贝妈妈就会将孩子抱走，将他放在一个比较开阔而安静的地方，让他继续闹。贝贝看到自己的闹腾没有效果，于是不再闹腾。

📋 案例二

明明往花园的鱼池里扔鹅卵石，爸爸对明明说："你看看，你把小鱼砸疼了，把水池弄乱了，你把鹅卵石捡出来好吗？"有时候明明会听话地把鹅卵石捡出来，有时候明明会耍赖，不肯去捡石头。如果明明耍赖不捡，明明爸爸不会强迫他去捡，他自己下去把石头捡出来给儿子看。如果正好碰上明明闹着要跟爸爸玩，爸爸就会借机对儿子进行教育："你看看，你把石头扔进水池了，现在我要去捡石头，没有时间陪你玩。"这时候，明明体验到了他的不良行为的后果。于是，他明白他不能再把石头扔进水池了。

6.10　自然后果法

家长有意识地通过让孩子亲身体验由于自己的错误行为所造成的消极

后果来纠正其行为的方法。它强调社会现实、承认亲子间相互的权利与尊重、强调现在和将来的行为。它有利于培养孩子对自己行为的责任感、自立精神和面对实际、遵循规律和秩序的习惯。自然后果法要求家长做到：(1)自然后果法的目的在于教育孩子，而不是惩罚孩子；(2)自然后果不能损害孩子的健康；(3)要允许孩子自己作出决定，并坚决让他体验自己的决定所带来的后果；(4)选择适当时机，态度友好地给予分析、说服教育，注意区分行为与行为者。

儿童起初对于善和恶、对和错没有明确的概念，更无法根据道德要求的实质来约束、指导自己的行为。自然后果法顺应儿童这一道德发展特点，利用儿童的直观经验、行为后果，直接让儿童在自身行为引起的不良后果中吸取经验教训。有时，谈一些大道理、空洞的说教和强制的灌输不符合儿童生理心理的发展水平，儿童无法理解自己到底错在哪里，会产生什么后果，这时，自然后果法的教育效果就会更好。

《教育教学论坛》2013年第37期刊载了一篇题为《浅谈自然后果法在家庭教育中的运用》的文章，该文提到了家长用自然后果法对孩子进行教育的两个成功的案例——

📋 **案例一**

　　果果往水杯里扔了脏东西，果果妈妈在一旁看着，不动声色，不批评教育，也不做其他处理。等到果果玩累了，回来喝水，发现水杯里有脏东西，杯中的水不能饮用了。这时果果体会到不应该往水杯里乱扔东西，他羞愧地跟妈妈说："我以后再也不往杯子里扔东西了。"

📋 **案例二**

　　美国总统里根小时候，把一种威力巨大的鞭炮放在桥上并且引爆，而后警察带他去警局，通知家长交罚款。里根的父亲交了罚款，领回了孩子，但他让里根自己打工挣钱付这笔罚款。自此之后，里根就明白了什么是责任，他在回忆录中记录了这件事情，并仔细地记录着自己怎样打了许多零工才挣够罚款。

里根父亲的做法就是一种正确实施的自然后果法，让孩子从自身体验之中获得经验和成长。卢梭也比较注重通过自然后果法对孩子进行教育，孩子打破了房间窗户的玻璃，家长应该怎么办？卢梭在《爱弥儿》中建议，对打破玻璃的孩子的教育方法不是单纯地说教或者严厉地体罚，而是让自然做主，通过孩子打破玻璃的后果来教育儿童。具体实施办法就是，让孩子待在他打破玻璃的房间里，让他自己去感受没有玻璃的房间会有多么冷，儿童由此吃了自己行为的苦果，深刻明白不可以打破遮风挡雨的窗户玻璃。

💬 **知识专栏**

使用自然后果法对儿童进行教育的时候，家长要注意儿童所犯错误的属性。错误产生的危害性比较小，不会危及儿童自身和他人的人身安全，才适合使用自然后果法；如果儿童的错误行为会对自己或对他人产生无法挽回的严重伤害，家长就不能运用自然后果法。

6.11　实践法

家长积极引导、支持子女参加各种力所能及的实践活动，使之从中得到锻炼的方法。参加实践活动有利于孩子学习知识和技能，培养能力，养成良好的行为习惯和认真踏实的作风以及独立精神。实践的内容可以是孩子生活、学习、交往等各方面。实践法要求家长做到：(1)从孩子实际出发安排适当的实践活动；(2)实践活动要求要具体，要启发孩子自己思考、解决问题；(3)家长要有恒心，舍得让孩子吃苦，并鼓励孩子排除障碍，坚持到底；(4)正确对待孩子在实践中出现的失误，帮助孩子分析原因，总结教训，鼓励其勇于实践。

蒙特梭利教育体系认为：实践活动可以培养孩子自我管理能力，培养其责任感和良好的生活习惯，代替、限制动作技能的发展不利于独立性和自我管理能力的培养。实践也证明了在幼儿期适时开展一些自我服务的劳动锻炼，不但能促进孩子肌肉、骨骼等发育和肢体动作的灵活性，而且还能将在动手、动脑的反复实践中所获得的知识、成功体验等"迁移"到其他教育领域，从而使孩子变得更加聪明、能干和懂事。

如幼儿刚学吃饭的时候，孩子要自己端着碗吃，家长担心饭菜泼洒了，便夺过孩子手里的碗，一口一口地喂孩子；孩子会走路了，看到家长擦地板，也学着家长的样子，像模像样地擦地板，结果地板像涂鸦似的越擦越脏，家长立刻从孩子手里夺过墩布，边擦边数落孩子"添乱"；上幼儿园了，早晨起来，孩子要自己动手系鞋带、扣纽扣，家长嫌孩子慢，就强制替孩子系鞋带、扣纽扣；孩子要自己洗手、洗脸、洗脚，家长担心孩子不仅洗不干净，反而弄湿了衣服，就替孩子洗……以上种种，都是因为家长不懂得对孩子进行实践教育，剥夺了孩子的实践机会，错过了稍纵即逝的良好实践教育时机。

6.12　随机教育

家长利用日常生活中出现的教育时机，及时地对孩子进行教育。由于具备良好的教育情境，此时教育效果最好。随机教育是家长教育艺术的具体体现。它要求家长做到：(1)不断提高自己的教育能力，具备强烈的教育意识，抓住教育时机；(2)随机教育不是不分场合和时间的唠叨，应避免不适当的空洞说教。

生活就是生动的教材，生活中的很多事情都蕴含着教育契机。在与孩子共同经历这些事件时，父母要做个有心人，抓住契机，循循善诱，对孩子进行教育。家庭中的这种随机教育体现着父母的机敏和智慧，不仅可以帮助一家人增进亲子之情，还可以让孩子更多地了解人与人、人与事、人与物之间的关系，使孩子的心智得到良好的发展，促进其融入家庭、融入集体、融入社会。

📄 案例

　　豆丁网的"教育管理"专栏 2016 年 2 月 22 日登载了一篇题为《家庭情感教育中的随机教育》的文章，该文提到了一位妈妈对孩子进行随机教育的案例："（我和儿子）都爱听流行音乐，于是买回了最新的歌曲收集版光碟，满心欢喜地边听边唱，不一会儿，电视画面定格了，出现了'马赛克'，音箱中发出刺耳的噪音，我和儿子连忙捂住耳朵。'我们上当了，错买了盗版。没关系，下次再买吧！'看着儿子失望的眼神，妈妈赶紧安慰他。谁知儿子对'盗版'产生了好奇心：为什么会有盗版？这是个社会问题，该如何解释？如果我告诉他这个社会很黑暗、很复杂，会不会在他幼小的心灵里投下阴影？我思前想后，决定找来他平时喜欢玩的橡皮泥，捏出了几样精致的作品，又随意地摆弄出一些粗糙的次品，然后，准备了一张 50 元和五张 10 元的纸币给儿子，和儿子一起玩起了买卖游戏：'这边的是精品，那边的是次品，买精品要 50 元，买次品只要 10 元，你想花很多钱买好的呢？还是花少的钱买次的？'儿子犹豫不决，最终'买'下了精品，我就从儿子手中拿掉 50 元。第二次游戏时，我又问：'你愿意买五个次品，还是买一个精品？'儿子又犹豫了，在多与少、好与坏之间反复琢磨。'为难了吧？'我乘机解释，'有些人就是根据别人的需要，制造出一些冒牌货，到了市场上一样可以卖出去，他不管你用得好不好、方便不方便，只要赚到钱就行。但我们买的时候，要仔细想想，该买好的还是买次的。如果大家都买好的，次的卖不掉，这些人就不会再生产，也就不会出现现在我们遇到的烦恼了。'儿子恍然大悟之际，对身旁发生的事有了新的看法和感悟。

6.13　亲子沟通

父母与子女之间的情感交流。其意义是：（1）可以使孩子感受到父母的爱，增强亲子间的相互信赖，有利于良好的亲子关系的建立，从而为有效的家庭教育打下良好的情感基础；（2）促进孩子的心理健康，减少其攻击性行为和反抗行为；（3）有助于家长了解子女的心理，进行有的放矢的教育。亲子沟通中，家长要做到：（1）力求保持童心、童趣，以使自己与孩子有共同语言；（2）养成耐心倾听孩子说话的习惯；（3）要温和、明确地向孩子表达自己的真实感受，当孩子说出心事或做错事时不要责备、贬损，否则，易使孩子封闭心灵，切断亲子沟通；（4）要舍得花时间与孩子沟通。

简书网 2020 年 6 月 3 日登载的一篇题为《亲子沟通的技巧与方法有哪些》的文章，文章讲述了一个成功的亲子沟通的案例——

📋 **案例**

儿子晚饭后与妹妹一同随着妈妈出去散步，半个小时后，他们三人回来了，爸爸突然发现儿子迟迟不敢进门，头低着，脸色也很难看。

爸爸就问妈妈是怎么回事，妈妈悄悄告诉爸爸，儿子外出散步玩耍时把刚买的电话手表弄丢了，妹妹在草丛中捡到了，偷偷塞给了妈妈，为了让儿子长记性，妈妈跟女儿并没有告知他此事，想让他先焦虑一阵，回家让爸爸教育一番。

爸爸了解此事后，就走到门外开始和儿子谈话。

爸爸："我听妈妈说，你刚才出去散步不小心把刚买的电话手表弄丢了！你还好吗？"

儿子："我不知道……"

爸爸："你回答爸爸说不知道，是因为丢了手表害怕吗？"

儿子："嗯！很害怕。"

爸爸："爸爸好奇地问你一下，丢了手表你为什么会害怕啊？"

儿子："因为我怕爸爸你骂我，或者打我……"

爸爸："那么现在爸爸知道这件事了，有没有骂你或者打你啊？"

儿子："没有……"

爸爸："那你现在还害怕吗？"

儿子："还有那么一点点。"

爸爸："你可以和害怕相处一下吗？"

儿子："嗯！"

爸爸："除了害怕，你还有什么感觉吗？"

儿子眼眶泛红，说："难过。"

爸爸："你深呼吸一下，当你觉得害怕，还有难过时，你该怎么做呢？"

儿子："我就躲在门旁边。"

爸爸："你说当你害怕，还有难过的时候，你选择不敢进家门，躲在门旁边是吗？"

儿子："嗯！"

爸爸："躲在门旁边的时候，你有什么感觉？"

儿子："我觉得很孤单、担心、难受。"说完，儿子开始哭泣。

爸爸："对于选择不敢进家门，躲在门旁边，你是怎么想的？"

儿子："我觉得我很不小心，刚买的电话手表就弄丢了，爸爸妈妈肯定会生气的，因为我是个粗心的孩子。"

爸爸："你先深呼吸，你说刚买的手表不小心弄丢了，爸爸妈妈肯定会生气的，所以你就觉得你是个粗心的孩子，是吗？"

儿子："嗯。"

爸爸："你每次都这么粗心吗？"

儿子："没有啊，就这一次。"

爸爸："那么就一次的粗心，你觉得爸爸妈妈肯定会生气，这是为什么啊?"

儿子:"因为我这次弄丢了,担心爸爸妈妈以后不会再买新的手表给我了。"

爸爸:"爸爸很好奇,你为什么会这么想啊?"

儿子:"因为再买一个新手表要好几百块,爸爸妈妈会心疼的。"

爸爸:"为什么你会觉得爸爸妈妈会因为再买一个新手表花几百元会心疼呢?"

儿子:"因为爸爸妈妈挣钱都不容易啊!"

爸爸:"爸爸很开心,你能体会到我们大人工作挣钱不容易,爸爸在这里为你点个赞!你刚才不小心把手表弄丢了,也因为这次丢手表的事情感到难过与害怕,但是,至少你很诚实地跟爸爸说出了你自己的想法。关于丢手表这件事情,我建议你以后出门还是要细心一点,自己随身物品要保管好,不能再犯同样的错误了,你能做到吗?"

儿子抬起头愉快的答应了:"能做到!"

爸爸:"最后,告诉你一个好消息,你的手表被妹妹拾到了,交给妈妈了。"

儿子开心地笑起来,跑进家里。

在这个案例中,爸爸没有呵斥,也没有简单地把手表还给儿子,而是花时间耐心地和孩子进行了细致的亲子沟通,起到了极好的教育作用。

📝 **思考与讨论:**

1. 合理的家长教育方法包含哪些内容?

2. 针对孩子的哪些不良习惯,家长可以采用行为改变技术这种教育方法?

3. 家长实施奖励法和惩罚法时应该注意哪些事项?

4. 范型法对家长有哪些基本要求?

5. 暗示法有哪些基本类型?

第七章　错误性教育方法

📝 **本章学习目标**

通过本章的学习，读者应了解和掌握下列内容：

· 错误性教育方法包含的基本内容

· 溺爱和过度保护的后果

· 体罚及变相体罚给孩子带来的伤害

· 产生家庭暴力的原因及减少家庭暴力的途径

· 儿童虐待形成的原因和消除儿童虐待的方法

　　家长所采用的不正确的教育方式或表现出的不正确的教育行为，如体罚、变相体罚、溺爱、包办代替、哄骗、恐吓、迁怒、简单禁止和包庇等。虽然有时会暂时平息事态，但往往不能真正彻底解决问题，容易带来不良后果，甚至是无法挽回的后果。家长应注意避免使用。

　　英国的教育思想家洛克很早就提到过，家庭教育一定要慎之又慎，不可以掉以轻心，他说："教育上的错误和配错了药一样，第一次弄错了，决不能指望用第二次和第三次去补救，它们的影响是终生清洗不掉的。"例如有些家长迷信体罚法，把拳头作为唯一的教育工具，这样不仅没能让孩子有一个清楚明白的是非观，还可能会增加孩子的逆反心理，甚者还会对孩子造成身体和心理伤害，使孩子终生留下心理阴影。在一些欧美国家，打孩子会被认为是虐待，是要受到法律制裁的。

7.1 溺爱

家长对子女的一种缺乏理智的过分的爱。具体表现为：(1)视子女为家庭中心人物，一切围绕他进行，孩子在家享受最好的待遇；(2)过分保护孩子的身体；(3)对子女的一切要求不论合理与否一概无条件地满足；(4)包办或推脱子女应履行的家庭义务；(5)对子女的言行没有严格的要求和必要的约束，无原则地迁就或袒护其错误；(6)反对或拒绝别人对自己子女的正确批评。产生这种现象的原因有：(1)认为孩子是自己生命的延续，是家庭的私产；(2)满足自己的情感需要；(3)认为自己工作忙，对孩子照顾不周，产生内疚与补偿心理。溺爱在中国当前的独生子女家庭教育中较为普遍。

📖 案例一

搜狐网 2021 年 8 月 24 日登载了一篇题为《〈扫黑风暴〉中的孙兴原型》的文章，文章提到曾受到很多人关注的电视剧《扫黑风暴》，剧情由真实案件改编，剧中孙兴这一角色的原型就是名噪一时、无恶不作、被判了死刑后还能"复活"的云南恶霸孙小果。因为多次强奸、侮辱、猥亵未成年少女，孙小果在 1998 年就被判了死刑。本该服刑的孙小果，经过母亲和继父的各种运作，逃脱了死刑。出狱后，孙小果依然嚣张跋扈，称霸一方，2018 年再次犯案，将人打成二级伤残，警察调查时，才发现他是 20 年前的死刑犯。孙小果小学时父母离异，其母孙鹤予觉得对孙小果亏欠太多，于是对儿子百般纵容和溺爱。对于儿子的犯罪事实，孙鹤予不但不反思自身的教育问题，反而埋怨媒体对此进行报道。当孙小果被判死刑后，孙鹤予仍然认为："母亲会为儿子做一切的，这就是母亲，不会去考虑后果。"溺爱，成了孙小果一再犯罪的助推剂。

📋 **案例二**

　　搜狐网 2020 年 11 月 28 日登载了一篇题为《李天一被溺爱，李双江舍不得打自己先哭，梦鸽仍坚信儿子本性善良》的文章，该文讲述了曾闹得沸沸扬扬的李天一犯案的故事，李天一在家里呼风唤雨，只手遮天，在外打架斗殴更是家常便饭。李双江和梦鸽这对夫妇到底有多溺爱儿子李天一呢？李双江说："不打，舍不得，有时真想打，但不能打，劝说，我们吓唬一下。还没有打，自己的眼泪先掉下来了。"在溺爱下长大的李天一无法无天，多次在外惹是生非，仗着自己的父亲是李双江，无所畏惧。15 岁无证驾驶宝马车与一对夫妻发生摩擦，暴打对方并扬言："我爸是李双江，你能把我怎么着？"事发后，李双江不得不亲自前往医院道歉，李天一也因此被拘留和教育一年。释放后的李天一仍然不知忏悔，2013 年，受害者杨某被李天一及其朋友轮番侵犯，不久后昏迷住院，自此患上重度抑郁症。事发之后，舆论哗然，举国震惊。作为母亲，梦鸽并没有意识到事件的严重性，执着地为保护儿子前后奔走，花重金聘请律师为李天一辩护。然而，天网恢恢，疏而不漏，即便是公众人物，犯了罪也会受到法律的惩罚，李天一被判 10 年有期徒刑，一个 17 岁的青年变成了"阶下囚"。惯子如杀子，没有教养的孩子，最终让他的父母颜面扫地，曾经德艺双馨的歌唱家父母，成了大众茶余饭后的笑料。

7.2　过度保护

　　为了不使子女受到伤害，对其过分地关心和照顾的做法。有极端约束和极端纵容两种倾向。前者表现为时时为孩子担惊受怕，限制其活动，事无巨细，处处为孩子安排周到，即使是子女力所能及的事，父母也包办代替。后者表现为一切以孩子为中心，对孩子百依百顺，姑息迁就，一味护短。过度保护影响了孩子独立性的发展，易使孩子形成依赖、被动、胆怯、任性、自私、盲从等不良品质，阻碍其身心健康成长。

极端纵容就是上文提及的溺爱，这里重点谈谈过度保护中的极端约束倾向。在现代"6+1"的家庭育儿模式下，很多孩子长期在父母、爷爷奶奶、外公外婆的环绕下，所受到的保护简直是无微不至。他们怕孩子生病，热不减衣，饱不减食，风霜雨雪不出门；他们怕孩子受伤，不许孩子用刀、用剪、用锤子；他们怕孩子摔伤，不让孩子攀登，甚至爬上椅子都不让；他们怕孩子被骨刺卡喉，不许孩子自己吃带骨头和刺的食物，总是先剔干净再喂孩子；他们怕孩子被车辆撞着，就不准孩子单独上街；他们怕孩子被人欺负、吃亏，便禁止孩子出门同别的小朋友一起玩耍……前怕狼，后怕虎，家长把关乎孩子的一切都庇护起来，喜欢绘声绘色地向孩子描述种种危险，惟恐孩子不得"恐惧症"，结果使孩子成为心理不健康的儿童，成为性格孤僻、不能独立生活的可怜虫。因为被喜欢过度保护的父母剥夺了独立学习、探索周围事物的能力，孩子长大后特别依赖父母的意见和决定，在面对问题或困难时会感到无助、没有主见。

7.3 包办代替

家长一手包揽孩子自己该做的事，该作出的决定的做法。这是一种错误的家庭教育方法，其本质是溺爱。主要危害是：（1）易养成子女懒惰、好逸恶劳、自私、不关心他人的不良习惯和行为，缺乏同情心和社会责任感；（2）不利于孩子独立性、生活自理能力和劳动习惯的培养。包办代替在当前家庭教育中较为普遍，家长应力求避免这种做法。

孩子自己完全有能力使用筷子和勺子，但家长为了让孩子快吃饭、吃好饭以及避免器具可能造成的危险而剥夺了孩子使用器具吃饭的尝试。很多孩子五六岁了，家长还在喂饭，孩子在不知不觉中丧失了熟练掌握吃饭器具的能力，以及使用器具带给孩子大脑发育的机会。穿衣、穿鞋、简单收拾家务等这些孩子最基本的生活事务，很多家长也喜欢包办代替，理由是家长生活节奏紧张，没有时间让孩子磨磨蹭蹭地干那些事情。从表面上看，包办代替似乎对孩子有很多好处，也节省了父母等侯的时间；但从长远看，这样对孩子是非常不利的。包办代替剥夺了孩子实践的机会，使孩子身心得不到锻炼，阻碍了孩子的正常成长。即使孩子长大后有能力快速完成那些事情，他们由于没有习惯自己完成，也就不愿自己去做，更不愿去尝试做超出自己能力的事情了。还有些家长给孩子背书包，帮孩子换好鞋子，送孩子到校园，看着孩子走进教室再离开，什么都给孩子做好，这样会使孩子缺乏很多至关重要的亲身经历，长大后难以适应社会。

📋 **案例**

　　宁波大学继续教育学院官网 2020 年 6 月 1 日登载了一篇题为《善意的剥夺——试析家长对孩子的包办代替行为》的文章，文章提到了宁波市民张女士及其儿子刘文豪的故事。

　　刘文豪自小聪明好学，从幼儿园、小学、初中、高中到大学，可以说是一路顺风，最后考入一所名牌大学。刘文豪大学毕业后，应聘进入一个很有名气的国有单位，上班没几个月却被辞退了。张女士想，一定是在那个单位不适应吧，也许换个地方要好些。

　　第二年张女士就让儿子参加了宁波市公务员招聘考试。儿子的考试结果笔试优秀，却因面试不合格被淘汰。这让张女士百思不得其解，这是怎么回事？争强好胜的张女士，又让儿子参加了银行系统的招聘考试，令人心焦的是，又是笔试优秀面试却不合格被淘汰。

　　连连碰壁的刘文豪，把气撒在张女士身上："都怪你，使我从小除了学习什么也不让做，让我不会交际，不会做事，被国有单位辞退，两次面试都被淘汰，读了个名牌大学又有什么用！"张女士当然不依，母子俩发生争执，互相埋怨。

　　几次争吵之后，刘文豪拒绝与爸爸、妈妈沟通交流，每天"宅"在家里。张女士夫妇好说歹说，儿子就是不去再找工作，整天沉迷于网络游戏，过起了"啃老族"生活。

　　面对自暴自弃的儿子，争强好胜的张女士几乎发狂了，她怎么也不明白，为什么自己为儿子上学操心费力，让儿子考上了名牌大学，最后却是这样的结果。

心理学家认为，尝试与犯错也是学习的基本形式。现实生活中的很多家长忽视了这些基本形式，认为孩子只要学好书本知识就行了，剥夺了孩子在实际生活中的很多学习机会，使得孩子严重缺乏独立性，什么事都依赖他人。

7.4　恐吓

家长用要挟的话或手段威胁孩子，迫使他们顺从家长的意志的做法。这是一种错误的家庭教育方法。其害处有：（1）影响了孩子对家长的信赖感与安全感，使其胆小怕事；（2）使孩子模仿家长的行为去骗别人，吓唬同伴，迫使对方答应自己提出的不正当要求。它有碍于孩子心理的正常发展。

百度文库收录了一篇题为《恐吓孩子是一种"精神暴力"》的文章，该文记载了两个案例——

📖 案例一

　　一位骑自行车的年轻妈妈在路口停了下来，车后座上是她的女儿，大约五六岁的模样。女儿正在抹眼泪，妈妈不耐烦地瞪了她一眼，说："再哭，再哭我就不要你了！"孩子低下了头，哭得更厉害了。妈妈注意到周围的人正在看她们母女俩，转头对女儿说："再哭就让前面的警察把你带走！"女孩强忍泪水，止住哭泣，嘴唇抽搐着，惊恐不安地看着妈妈。

这位年轻的妈妈也许只是想管住孩子，让她不要在大街上哭泣，但她显然对这种方法的负面效应估计不足：孩子无形之中感受了精神暴力，相当于内心经受了一场拳打脚踢。对孩子来说，成人说的话是无可争议的。一个上幼儿园的孩子听到妈妈说不要他了，他会当真，而不会想到那只是一句戏言。因为在孩子的眼里，父母就是整个世界。父母说不要他了，就意味着他在这个世界上是多余的。这种意识一旦形成，会给他以后的生活蒙上一层阴影。他会不自觉地否定自己、贬低自己。

恐吓不仅会令孩子变得拘谨、胆小、喜欢说谎，还会导致孩子成年之后出现种种心理障碍。

📖 **案例二**

一位30多岁的男士，事业很成功，但每当堵车或在封闭的电梯里时，他都会紧张、焦虑，以至于不敢一个人开车，不敢到外地出差。原来，在他上小学之前，一直跟着爷爷奶奶生活。为了管住他，爷爷奶奶经常对他说，你要再不听话，我们也不要你了。爷爷奶奶的话使他觉得是自己不可爱，所以爸爸妈妈才"不要"他。爷爷奶奶为了哄他睡觉，经常对他说，你再不睡觉，鬼就会来抓你……就这样，他吓得赶紧闭上眼睛，心里却在不停地想，鬼怎么怎么可怕……长大以后，这些童年往事渐渐淡忘了，但他内心深处的恐惧和不安却无法抹去，每每遇到挫折，便会被激发出来，出现上文提及的那些症状。

7.5　哄骗

家长用说空话、假话或空许诺、做假事骗子女的方法。这是一种错误的家庭教育方法。其特点是当家长要制止子女的某种行为或让他们顺从自己时，随便应诺子女提出的任何要求。而当子女照办后，家长并不兑现自己的诺言。家长这种言而无信的做法客观上使孩子产生一种错误的认识：哄骗是可行的方法。久而久之，孩子也会效法父母，用哄骗对付家长及其他人，甚至养成欺骗、撒谎的恶习。

许多家长喜欢用哄骗式的话语对付孩子——"帮妈妈扫地，妈妈就给你五块钱""亲爷爷一下，爷爷就带你出去玩""宝宝给爸爸拿一下水杯，爸爸就给你买奥特曼""孩子，你乖乖吃饭，妈妈一会就带你去动物园""宝贝，只要你这次考了100分，妈妈就给你买个新的游戏机"……现在的父母白天上班要承担很大的压力，回家之后没有耐心教育孩子，于是利用孩子的欲望，用小恩小惠骗取孩子的顺从与合作；还有的家长觉得应该让小孩子从小就有金钱观念，对于物质有个人追求，所以用物质奖励的方式鼓励孩子上进，而这种物质奖励最终并没有落到实处。就这样，家长用欺骗和诱惑的手段让孩子乖乖做事，孩子做到了，但是家长没有履行诺言，孩子会有被欺骗、被耍弄的感觉。要知道，在孩子心中，家长就是榜样，家长的威严不但包括作出诺言，更包括兑现诺言。孩子最后得到的不仅仅是失望，更是因为榜样和偶像的形象崩塌而带来的伤害。

🗩 知识专栏

孩子知道自己被哄骗之后，往往会产生下面这些想法，而这些想法会带来一些相关后果——

想法一："反正我做了妈妈也不会履行承诺的，我才不要做呢。而且妈妈都骗了我好多次了，我再也不会相信妈妈，妈妈以后干什么我都不支持。"后果：孩子对妈妈产生了怀疑，以后妈妈的话很可能逐渐失去权威，孩子不会再配合家长。

想法二："爸爸妈妈都这样哄骗我，我以后也可以骗爸爸妈妈，哄骗其他小朋友。"后果：孩子不会因为爸爸妈妈的谎话而生气，他会误以为成人社会就是这样的，说谎话就是一个办事的手段，他会用这种手段对付别人。

想法三："本来打扫了房间就该给买玩具的，妈妈不给我买玩具，我就不打扫了。"后果：原本是一件正常的家庭劳动，就因为偶尔几次家长的空头许诺，让孩子们误以为这是应该给予奖励的举动，从而认为正常情况下的孩子是不应该做家务的。以后孩子的心里就养成了交易的习惯，用得失来衡量答应父母的要求值不值，在孩子还没有形成正确的价值观念的时候，交易心理轻易地俘获了孩子纯洁的心灵，对他以后的成长有负面影响。

7.6　简单禁止

家长采用不说理由却限制孩子行动的做法。这是一种错误的家庭教育方法。主要表现为：(1)当孩子提出不合理要求时，家长只以"不""不行""不可以"来拒绝孩子，而不说明拒绝的理由；(2)当发现孩子正在做错事时，便立即强行禁止，而不给以说服、引导教育。它只能强迫孩子暂时放弃自己的错误想法和行为，不能让孩子真正明白错误所在。反而容易养成孩子当面一套，背后另一套的两面行为。家庭教育中，家长要杜绝孩子的不合理要求和行为，更要强调以理服人，使孩子口服心服。

亲亲宝贝网 2017 年 7 月 19 日登载了一篇题为《孩子走极端，多半是因家庭教育简单粗暴!》的文章，该文提到几个案例——

📖 **案例**

> 2017 年 4 月，网上有一个视频让人警醒，一位父亲跪在儿子的尸体旁边，哭得泣不成声。据了解，这是山东荣成一初中男孩，因为父亲将他的手机从楼上扔下，这个男孩也跟着跳了楼。听着父亲凄惨的哭声，真让人无法相信：因为一部手机而失去了一个鲜活的生命。无独有偶，也是 2017 年 4 月，重庆一名 10 岁男孩因家长不让看电视而从 20 楼跳楼身亡；7 月，贵州的一名 13 岁男孩毛毛痴迷热门手游，被家长批评了两句，竟然从 4 楼跳了下去……

孩子迷恋手机并不是一朝一夕的事情，当家长看到孩子玩手机难以自拔后，想用简单粗暴的方式一次性解决问题，可孩子的心理一下子承受不了，最终导致悲剧发生。所谓欲速则不达，就像治病，病患越久，治愈的时间就越长。孩子一开始玩手机时，家长没怎么在意，等到孩子深度迷恋上了手机之后，家长想用快刀斩乱麻的方法来解决问题，这就像一个久病的人突然用猛药来治，想让病一下子好起来，不但没治好病，还会使病人有生命危险。

在孩子不良习惯或病态心理出现的初期，家长应及时帮助孩子，用一些健康的活动来代替不良的嗜好，以免不良行为进一步发展。孩子的不良习惯或病态心理已经形成时，家长更需要有耐心，慢慢开导，同时用爱心陪伴孩子，使孩子逐渐淡忘过去的事情，以新的精神面貌来面对今后的学习与生活，切不可简单禁止，操之过急。比如面对玩手机的孩子，家长可以与孩子讲条件，约定让孩子玩多长时间，不能用极端的方式粗暴地没收甚至砸毁手机。除此之外，因被没收手机而跳楼的孩子，从表面上看，只是被没收了手机；从实质上看，是家长对孩子的生命教育还做得不到位。上述两个案例中的家长如果能够提前把生命教育做到位，悲剧发生的概率就会大大降低。

7.7 体罚

家长以损伤孩子身体的方式来处罚孩子的做法。这是一种错误的家庭教育方法。其伤害有：(1)伤害孩子的身体；(2)伤害孩子的人格和自尊心，使其变得怯懦和冷酷；(3)引起孩子的对立情绪，降低家长在其心目中的威信，失去教育的主动性；(4)促使孩子为逃避体罚而学会撒谎，养成虚伪、报复等恶习。我国《义务教育法》明确规定"禁止体罚"。家长应充分认识到体罚的危害性，坚决杜绝这一错误做法。

前文中提及"惩罚法"，需要辩证看待；"体罚法"属"惩罚法"中的一种，在家庭教育中要坚决摒弃。2009 年的一项研究显示，体罚可能会降低儿童智力，"如果孩子长期遭受严酷的体罚，他们的大脑发育轨迹可能会受到不利的影响"。此外，当家长用体罚的方式来告诉一个孩子他做错了事，家长同时在无意中向孩子传达了两个信息：其一，无论是谁，只要更大更强，就有决定对错的权利，那么我比父母更强大的时候，我有权决定什么是对什么是错；其二，暴力是解决生活中的问题的合理方式，打人才是有效管理他人言行的方式，"如果我看不惯你的行为，我就会打你"。

虽然中国现在已经立法禁止体罚，但相应的处罚条例不够明确，以致有些家长仍旧迷信"打是疼，骂是爱"的观点，认为打得越狠，爱得越深。在美国，如果父母打骂 18 岁以下的未成年孩子，父母就需要承担法律后果。

📋 **案例**

搜狐网 2019 年 11 月 9 日转载了《纽约时报》曾报道的一个案例，纽约市皇后区一位华裔妇女因为 8 岁的儿子没有做作业，用扫把打他，在孩子身上留下了伤痕。第二天，学校老师向纽约市儿童服务管理局举报了这个情况，当天晚上，警察来到她家，把她的三个孩子一起带走，送交儿童收养机构。这位华裔母亲不仅要忍受和孩子分离的痛苦，还要花钱请律师帮助她到法庭上索回孩子的抚养权。

7.8　变相体罚

家长采用的不损伤孩子的身体而主要是伤害孩子自尊心的一种处罚方法，如罚跪、关黑屋子等。这是一种错误的家庭教育方法，其本质与体罚相同。主要危害是伤害孩子的自尊心及养成孩子怯懦的性格。尊重子女人格是成功的家庭教育的要求，家长应摒弃这种侮辱人格的错误做法。

家长变相体罚孩子，虽然没有接触孩子的身体，但这种教育方式是非人道的，会使孩子身体或精神上感到痛苦，痛苦的时间长了，会让孩子对此感到麻木。

📋 **案例**

百度文库收录了一篇题为《浅谈家庭教育中的体罚或变相体罚》的文章，该文提到了一个案例，六岁的成成每次犯错的时候，爸爸就会让他头顶着抱枕站在杂物间，一站就是十几分钟。后来成成一感觉到自己犯了什么错误，不等爸爸开口，就主动拿着抱枕站到杂物间。甚至有时成成的爸爸妈妈觉得孩子没犯什么错误，孩子也去了杂物间，这说明成成的人格尊严和主体意识在家长的变相体罚中渐渐消失，如果得不到及时的干预和治疗，将来就会影响成成健全人格的形成。

7.9 迁怒

家长受了别人的气或自己不如意时，在孩子身上宣泄自己的不满与怒火的做法。这是一种错误的家庭教育方法。主要表现为看孩子不顺眼、责备、谩骂甚至体罚孩子。其危害是：使孩子感到莫名其妙，产生不安全感和情绪焦虑，胆小，造成家庭紧张气氛，降低家长的威信，影响正常家庭教育。家长要加强自身修养，注意自己的角色转换，提高自我调节能力。

家长在单位上班辛苦了一天，这一天可能受到领导批评了，可能遇到不顺心的事情了，可能生意亏损了，可能在外面受气了，回到家中，都想躺在沙发上休息。但家长下班的时间正是孩子放学和家长接触的时间，很多家长由于当天受到的压力而变得不耐烦，就容易对孩子发脾气。其实，家长的迁怒不仅不能缓解自身的压力，还会给孩子带来心理的伤害。

💬 **知识专栏**

哈佛大学医学院的马丁泰彻博士经研究发现，言语暴力最容易影响大脑的胼胝体、海马回和前额叶。注意力和这三者都密不可分。胼胝体负责信息传递，视觉、听觉等传入的信息可以在胼胝体进行交换，使感官正常集中注意并综合信息，然后传达给大脑进行分析。海马回负责记忆和情绪管理，孩子如果容易注意力不集中，情绪低落，就无法正常记住所学习的内容。前额叶统领一切高级认知能力，如果前额叶受损，无法抑制其他刺激，注意力就会涣散。当孩子受到语言暴力时，他们的大脑受到损害，专注能力、创造能力等各项能力都会明显降低。

案例：百度文库收录了一篇题为《挽回中的"踢猫效应"》的文章，该文提到了一个案例，丈夫在公司因工作疏忽被上司骂了一番，一整天都郁闷至极，无处发泄。下班回到家看到妻子还没做好饭，怒火一下子就上来了："你整天什么都不干，不工作，待在家里连个饭都做不好，家里乱成什么样子了，这点事都做不好，要你有什么用……"妻子无端被数落了一顿，心里自然气不过，做好了饭，见儿子还在一边看电视，便骂道："伺候完老的，还得伺候小的，饭都做好了，就不知道自己过来吃吗？用不用八抬大轿去请你？我每天操持这个家容易吗？"儿子被骂得一头雾水，完全搞不清楚状况，就拿起遥控器，关了电视，再把遥控器狠狠地摔在沙发上。

诸如此类的案例或许在很多家庭都发生过，一个人因在外面受了气而产生了愤怒情绪，这一愤怒会引起连锁反应，不满情绪和糟糕心情一般会沿着等级和强弱组成的社会关系链条依次传递，由金字塔尖一直扩散到最底层，而最后那个无处发泄的小个体，就是最终的受害者。这就是心理学中著名的"踢猫效应"，描绘的是一种典型的坏情绪的传染所导致的恶性循环。"踢猫效应"起源于一个寓言故事：一位骑士在晚宴上被领主训斥了一顿，他怒气冲冲地回到自己的庄园，对没有及时迎接的管家大发了一通脾气。管家心里窝火，回家后找了个鸡毛蒜皮的理由，又把自己的妻子骂了一顿。妻子受了委屈，正好看到儿子在床上蹦跶，上去就给了儿子一个耳光。最后，那孩子莫名其妙地挨了一耳光，心情极度糟糕，一脚把正在身边打滚的猫踢了个跟斗。这则寓言故事说明了典型的坏情绪传染的过程，由地位高的传向地位低的，最终最弱小的那个成为了牺牲品。

克制、冷静、自我调节，在这个过程中可以挽回或终止"踢猫效应"，简书网 2017 年 9 月 19 日登载了一篇题为《"踢猫效应"带来的启示》的文章，该文引用了一位妈妈在育儿日志中写的一段话——

📋 **案例**

"前几天，我家儿子在班里打一个小女孩，人家家长给我打电话，说的话很难听，还说要告诉老师。我那几天刚好工作压力大，所以当时特别生气，想着回家怎么收拾儿子，可是见到孩子的那一刻，我告诉自己要冷静。等吃完饭，我就跟儿子谈，跟他说人家小女孩被打后的委屈，如果你被打了，换位思考，你会怎么想？儿子若有所思，从自己的玩具柜里找出一件小礼物，第二天就向人家小女孩道歉，把礼物送给了小女孩。现在两个小朋友玩得特别好，而且还成为了好朋友。"

7.10　包庇

家长袒护或掩盖孩子的缺点及错误的做法。这是一种错误的家庭教育方法，其实质是溺爱。主要表现为：（1）当孩子犯了错误受到别人的批评与指责时，家长非但不进行教育，反而无原则地支持或袒护孩子的错误做法；（2）明知孩子有缺点，不但不帮助其改正，反而为孩子掩盖其不足。其危害是：使孩子不但不改正缺点和错误，反而重犯错误或犯更严重的错误，甚至长大后走上犯罪的道路。家长一旦发现孩子的缺点或错误，应及时指出，以理服人，帮助其改正，决不能护短。

包庇和上文中提及的溺爱和纵容有很多共同之处。在现代家庭中，尤其是在一个"四二一"结构模式的家庭内部，也常常存在爷爷奶奶、外公外婆包庇孙子孙女、外孙外孙女的现象。搜狐网 2017 年 4 月 1 日登载了一篇题为《教育孩子时，老人总袒护孩子怎么办？》的文章，该文提到了一群年轻的妈妈之间的互相吐槽——

📋 **案例**

妈妈甲：我在教育儿子的问题上和婆婆发生了激烈的争吵。我儿子倔强，做错了事决不认错，我每次批评儿子，婆婆立马把他拉到自己的房间，并指责我太较真，最近婆婆甚至撂下狠话："不许打我孙子，否则我跟你拼命！"

妈妈乙：由于工作繁忙，带孩子的工作主要由公婆帮忙。可现在孩子马上就要上小学了，却发现孩子养成了一身的坏毛病。有时候看到孩子明明做错了，我赶忙教育纠正，可婆婆却不干了。

妈妈丙：最近婆婆来了，发现孩子越来越不好管教了，现在女儿对奶奶的亲热度，远远超过我这个当妈的。晚上非要喊着跟奶奶睡，本来挺独立的一个小姑娘，感觉越长越倒退，万事都要奶奶张罗。

妈妈丁：孩子出生之后的大部分时间都是婆婆在带，孩子现在5岁了，跟同龄的小朋友比起来，各方面的表现都很差。有时候我想做个严厉的妈妈来管教孩子，但家里的老人总是护着，以致现在我在孩子面前没有威严。

妈妈戊：我现在受不了家里的老人，每次我都不给孩子吃零食、喝碳酸饮料，可是老人总是背着我给孩子这些。我不在家的时候，孩子能看一天的动画片，都说了这样对眼睛不好，可老人总是惯着孩子，我感觉自己要疯了！

和老人一起住，年轻的小夫妻的确很享福，每天有人帮忙打扫卫生，帮忙带孩子，帮忙安排一日三餐，下班之后再也不用围着灶台手忙脚乱。可是，但凡和老人一起住的年轻父母几乎都遇到同一个问题，就是在教育孩子时，老人实在是太护着孙子了。不少妈妈反映，明明孩子可以独立完成的家务，老人总要帮忙代替。有时候孩子做错事情了，做妈妈的想好好教育一番，可孩子就会跑到爷爷奶奶的怀里，装出一副楚楚可怜的模样。想和老人大吵一架摆明自己的立场，又怕伤了家庭的和气；息事宁人地说几句，又被孩子当成耳旁风。

年轻的父母应该拎清利害，多和老人多沟通，相互学习，取长补短，缩减两代人育儿观念的差异，化解两代人育儿行为的矛盾，彼此做一些妥协与让步，不要因为对方是老人就中断对孩子的正常教育，不要让孩子觉得不管犯什么错都有靠山；老人也应该分清爱和溺爱、庇护的差别，不能太过纵容和娇惯，如果父母在前面管教，老人千万不能在后面拆台。一味地袒护只会让孩子变得越来越没有规矩，同时也使父母的正当管教失去了威严，最终影响的还是孩子的健康成长。

7.11　偏爱

家长对子女感情有亲疏，在待遇上有差别的做法。这是一种错误的家庭教育方法，其实质是溺爱，常出现在多子女家庭中。表现为家长对某个子女或因其是家里惟一的男孩或女孩，或因其是末生男孩或女孩，或因其聪明伶俐等而特别宠爱，物质上待遇优厚，而对其他子女则采取冷淡或歧视的态度，物质上薄待他们。此现象也可能发生在祖孙辈之间。其危害是受偏爱的孩子易养成惟我独尊、狂妄自大、自私、不关心他人等不良品质，而被冷落的孩子因失去家长正常的关爱，精神上受压抑，易养成孤僻、冷漠、忧郁、神经过敏、仇视报复等不良心理，成年后与父母情感淡漠。家长应避免偏爱倾向。

📖 案例

　　都市情感剧《都挺好》于 2019 年在江苏卫视、浙江卫视播出之后，引起了全国观众的极大关注，该剧讲述的就是一个明显偏爱的家庭，苏母重男轻女，她认为养儿子是为了养老，所以偏爱儿子；她认为女儿没有养老功能，所以经常忽视女儿。苏家兄妹三人，一家人坐在一起吃饭，苏母分别给老大、老二两个哥哥各夹一只鸡腿，根本无视老三这个妹妹。苏家一共有四套房，苏母自己住一套，卖一套供大儿子出国留学，卖两套供二儿子找工作、结婚。小妹的房间被卖，只能和爸妈挤着睡。小妹读书成绩很好，原本很有希望考取梦想中的清华大学，但被妈妈以"家里太穷"为由，安排去了一个免费的师范大学。最后，因大儿子爱面子、瞎承诺，把自己的家庭搞得险些支离破碎；二儿子一味啃老，几乎吸光了父母的退休金；小妹对家庭的情感淡漠，很难与家庭、异性建立亲密关系。这就是偏爱带来的后果。

还有一些家长，特别偏爱家里面最小的孩子，如果最小的孩子和家里其他孩子发生矛盾，家长在劝架的时候，不问青红皂白，就去责骂其他孩子。长此以往，最小的孩子感觉到自己做什么都是完全正确的，而其他的大孩子也会产生自卑心理。所以一个家庭的偏爱会影响孩子对事物的正确认知，也会危害孩子的心理健康。

7.12　家庭暴力

家庭成员间一种有意的或被认为有意的伤害他人身体的武力行为。主要表现为妇女、儿童或老年人等受到其配偶、父母或年轻子女的武力攻击与虐待。其原因有：（1）封建家长制的影响；（2）施暴者的人格缺陷；（3）由于婚姻、生育、工作、学习、经济、赡养、生活空间狭小等冲突造成的高度压力。减少家庭暴力的途径有：（1）提高家庭成员的修养；（2）普及法律知识，健全法制；（3）改善生活条件。

📖 **案例**

据川观新闻网 2020 年 6 月 2 日资讯，四川巴中被告人魏某与被害人小军系父子关系。在小军母亲离家出走后，魏某经常采用暴力方式管教儿子小军，致使二人关系生疏。一天夜晚，被告人魏某在他处得知小军逃课且盗窃他人财物，于是抓住小军再三追问，小军一直沉默不语。魏某十分气愤，便对小军连续殴打，然后用铁链和弹子锁将其捆绑，逼其承认错误，小军仍不言语。后来魏某发现小军挣脱铁链、损坏门窗逃走。魏某气急，找回小军，用手抓住他的头发多次撞击其后脑部位，并再次将其捆住，继续抽打，之后魏某独自上楼睡觉。夜晚小军因疼痛呼喊，魏某均未予理睬。次日，魏某发现小军已经死亡。法院最终判定，被告人魏某在管教子女的过程中，采取暴力致其死亡，其行为构成故意伤害罪，判处被告人魏某犯有期徒刑 12 年。

自古以来，一些家长认为打骂孩子是天经地义的事，"不打不成才""棍棒底下出孝子"是他们信奉的教育观念。本案中，被害人小军生活在单亲家庭，与其父魏某长期一起生活，魏某由于缺乏耐心，经常采用暴力方式管教孩子，致使父子二人心生隔阂，最终酿成悲剧。该案警示我们，对孩子的教育植根于爱，孩子需要父母耐心、细致和温情的爱。同时，社会干预机构要强化对未成年人的关心和保护，呵护未成年人的生命健康。

💬 知识专栏

中国已制定《反家庭暴力法》，自 2016 年 3 月 1 日起施行，《反家庭暴力法》中的一项重要内容就是设置了人身安全保护令制度，即当事人因遭受家庭暴力或者面临家庭暴力的现实危险，可以向法院申请人身安全保护令，对于被申请人违反人身安全保护令要求的，法院可采取训诫、罚款、拘留等处罚措施。

7.13 儿童虐待

家长有意或被认为有意对子女身心造成伤害的攻击行为。根据虐待的方式可分为：身体虐待、性虐待、身体囚禁、情绪虐待、遗弃。对孩子的影响是：（1）身体致伤、致残，甚至致死；（2）自尊心和自我概念低下；（3）对别人不信任、胆小、有退缩行为或有攻击行为、不合理的反叛行为；（4）无法与父母沟通，亲子关系恶劣。家长虐待儿童的原因有：（1）受"不打不成器"思想的影响；（2）对孩子有不切实际的期望；（3）父母童年时期有受虐待的不愉快经验；（4）嫌弃孩子；（5）人格缺陷；（6）社交生活闭塞。消除儿童虐待要做到：（1）树立科学的儿童观、爱子观和教子观，对孩子提出合理的期望；（2）学习欣赏孩子的行为和特点；（3）提高社交兴趣，扩大社交范围；（4）有人格缺陷者要进行心理咨询与治疗；（5）帮助孩子减少容易引起父母失去耐心的举动。目前我国《未成年人保护法》规定："父母或其他监护人不得虐待未成年人。"从法律上禁止虐待儿童。

　　上文中提及的家庭教育中的"体罚""变相体罚""家庭暴力"如果针对的对象是儿童，都属于儿童虐待，事实上，儿童虐待的形式更为复杂，儿童虐待的现象在世界各国也十分普遍。

🗩 **知识专栏**

　　界面新闻网 2018 年 7 月转载过一篇题为《为什么要把孩子的健康交给机器人？》文章，该文记载：据 Childhelp 网站统计，美国每一年都有超过 660 万起关于儿童被虐待的报告，其中 28.3% 的儿童受到身体上的虐待，20.7% 的儿童受到性虐待，10.6% 的儿童受到精神虐待。

　　虐待会损害儿童的早期大脑发育，导致儿童精神紧张，而极度紧张有可能损害神经和免疫系统发育。所以曾经受过虐待的儿童成人后，出现行为、身体和精神卫生问题的危险性增加，如：施加暴力或沦为暴力受害者；抑郁症；吸烟；肥胖；自杀倾向；高危性行为；意外怀孕；酗酒和滥用药物。

　　以儿童虐待中的性虐待为例，美国儿童和青少年精神病学会报告显示，自 2008 年起，每年有 8 万份儿童遭性侵的报告。长期性虐待通常会导致儿童低自尊，他们会觉得活着毫无价值，并发展为一种扭曲的性别观点，这些孩子长大后拒绝与成年人正常接触。还有一些被性虐待的儿童在性方面遭受困扰，对他们以后的生活会产生不良影响，他们将来可能成为性侵犯者或容易在年轻的时候变得生活淫乱。家长应与孩子进行平等交谈，告诉孩子身体的哪些地方坚决不允许他人触碰，要对任何试图接触他们身体的人说"不"。家长如果怀疑自己的孩子可能是被性虐待的受害者，应立即去进行专业评估和检查，专业医生可以进行寻找身体体征和性传播疾病的测试，精神科医生也可以帮助孩子恢复自尊和修复创伤。

中国的虐待儿童案件也是屡禁不止，严重威胁到儿童健康，但中国刑法目前还没有将虐待儿童罪写进法律条文，也没有专门的虐待儿童法可以系统地保障儿童的人身和心理安全，甚至找不到一份完整的全国性的虐待儿童情况的统计数据。那些虐待儿童的犯罪者，也只有情节严重恶劣的，才会被追究刑事责任，并且对应的罪名是虐待罪、故意伤害罪和故意杀人罪。在中国传统文化习俗里，管教孩子是一件关起门来的"自家事"，这种习俗让人们认为孩子是家庭的附属品，是父母的私有物，所以人们一般不去插手别人的家事。缘此，我们必须学习如何去辨别正在经受虐待的孩子们，并尽早帮助他们，勇于帮助他们，这样才能为我们的孩子、为我们的后代创造一个安全、有爱的环境，才能让他们在本该无忧无虑的年纪笑得开心，活得健康而幸福。

7.14　母爱剥夺

在儿童早期就失去母亲或用强制手段使孩子失去与母亲相互交往机会的一种现象。儿童早期是形成孩子与母亲的正常依恋关系的最重要时期，母爱对此时孩子的身心发展具有十分重要的作用。研究发现，母爱剥夺不仅会引起孩子心理障碍，也影响孩子的身体发育，且易导致疾病。相反，如果给已失去母爱的孩子以母爱般的情感补偿，即使是智力迟钝的孩子也会有明显的"补偿"作用。母爱剥夺从反面证明了母爱对人的早期心理和身体发育的巨大作用。

心理学中最著名的实验之一就是美国心理学家哈洛的恒河猴实验。哈洛将恒河猴的婴猴与它们的母亲隔离开，结果婴猴出现各种异常的病态的行为，这就是所谓母爱剥夺实验。实验证明，母爱剥夺开始的时间愈早，持续的时间愈长，导致婴猴产生病理行为的可能性愈大。哈洛在实验中发现，母猴除了可以满足婴猴的饥渴之外，还可以为婴猴提供舒适接触的经验。这种经验特别重要，因为它能推动婴猴情绪的健康发展，被剥夺了舒适接触经验的幼猴，不但没有亲密的情绪和行为的流露，而且在危害性刺激发生作用时，显示出高度的恐惧和类似孤独症的行为。

恒河猴94%的基因和人类相同，母爱被剥夺后的婴幼儿的反应也与恒河猴类似，他们一开始是抗议：此时婴幼儿大哭不已，如果能说话就反复哭着喊妈妈，而且活动增多，烦躁不安，容易激怒。然后是抑郁："抗议"持续一周之后逐渐停止，婴幼儿表现沮丧、退缩，活动减少，无精打采，对周围环境中的变动不关心、不注意、不感兴趣也没有反应，满脸愁容，大声哭喊转变为小声啜泣。长期被剥夺母爱的婴幼儿，成年后容易患上抑郁症，容易产生品行障碍；那些曾经被细心呵护、温柔拥抱、及时回应的孩子，才会成长为更独立、更能适应社会的大人。

哈洛的实验生动地证明了母爱的本质：母爱主要是给孩子肢体上的接触和心理上的支持，而不仅仅是单纯的生命支撑。所以，母亲养大一个孩子，主要的贡献是给予了孩子关怀、支持、拥抱、接触、安全、依恋等身体力行的教育行为。

📝 思考与讨论：

1. 错误性教育方法包含哪些基本内容？

2. 溺爱和过度保护会带来哪些后果？

3. 体罚及变相体罚会给孩子带来哪些伤害？

4. 产生家庭暴力的原因有哪些？我们可以通过哪些途径减少家庭暴力？

5. 儿童虐待形成的原因有哪些？我们可以通过哪些方法来消除儿童虐待？

第八章 家 长 修 养

本章学习目标

通过本章的学习，读者应了解和掌握下列内容：

- 家长修养的内涵
- 合格父母的具体标准
- 父母控制模式的基本类型
- 教养方式的基本类型
- 教养知识和教养能力所包含的内容

8.1 家长修养

家长在思想品德、文化知识、心理品质等方面的素养。家长是家庭教育的主要执行者，是最直接、最经常、最重要的教育者，起着主导作用。他们各方面的修养直接影响着家庭教育的目标、内容、方式方法乃至家庭教育的成败。家长应具备以下修养：(1)正确的人生态度与高尚的生活目的，良好的品德与行为习惯；(2)广泛的科学与社会文化知识；(3)正确的教育观念，丰富的教育知识与较强的教育能力；(4)良好的心理素质；(5)纯真的童心、童趣。家长应通过学习与实践来提高自己各方面的修养。

家长提高自身修养，应该从思想品德、科学文化、艺术素质、教育能力、心理素质等方面去努力，下文重点谈谈家长如何在思想品德、科学文化和艺术素质三个方面提高自身的修养。

先说思想品德修养，首先，家长要在政治上保持积极向上的热情，要有坚定正确的政治方向。只有家长自身具有高度的热爱祖国、热爱社会主义、热爱共产党的深情，并将这种深情付诸行动，才能更好地教育并影响子女逐步树立坚定正确的政治观。其次，家长要在道德品质上做到言正身端。言行不一，说一套，做一套，是做人的大忌，也是教育子女的大忌。最后，家长要有平等协商的民主作风。家长要把自己的身份定位为指导者、协商者，而不是命令者。家长在子女面前不要摆家长的架子，要以平等的态度对待子女，要养成尊重子女、和子女交谈的习惯，使子女在家里从小就享受到民主生活的温馨，受到民主意识的熏染，从而逐步养成民主的习惯。

再说科学文化修养，家长应努力做到三点：一是具有浓厚的学习兴趣。家长无论文化程度高低，都应对学习抱有浓厚的兴趣，家长勤于学习，子女也就会自觉不自觉地仿效。如果家长在业余时间不爱学习，以看电视、扯家常、玩扑克、打麻将、玩手机等消磨时间，自然会对孩子的学习和成长产生恶劣的影响。二是具有较广博的文化知识。任何一位家长，都只能精通自己业务领域中的部分知识，而不能精通一切；但知识面相对广博一些是所有家长应该做到并且可以做到的。例如，多读一点科普读物，多读一些历史或文学方面的刊物等。这样既有利于提高自己，也有助于指导子女扩大知识面。三是懂得优生优育的基本规律，包括优生规律和优教规律，多学一点优生学、遗传学、营养学、卫生学、教育学等方面的知识。

至于如何提高艺术素质，我们可以参考《傅雷家书》。《傅雷家书》已成为中国乃至世界读者的经典著作，傅雷先生自己就是一位卓有成就的艺术家，他在艺术修养方面有一个重要的公式：艺术修养＝艺术鉴赏＋艺术表现。一个真正的艺术家，必须先具备良好的艺术鉴赏能力，能够领悟不同的艺术境界，然后才会有好的艺术表现力。傅雷给了儿子傅聪最好的艺术教育，傅雷的这些思想为其他家长培养孩子的艺术气质提供了最具实践价值的引导，家长要提高自己或孩子的艺术素质，不妨读一读《傅雷家书》。

8.2 合格父母

能履行教育子女义务、并能胜任教育子女工作的父母。2021 年 10 月 23 日第十三届全国人民代表大会常务委员会第三十一次会议通过，2022 年 1 月 1 日起正式施行的《中华人民共和国家庭教育促进法》第二章第十七条提出的"未成年人的父母或者其他监护人实施家庭教育，应当关注未成年人的生理、心理、智力发展状况，尊重其参与相关家庭事务和发表意见的权利"相关内容，为合格父母提供了具体的标准，并强调合格父母应合理运用以下方式方法：(1)亲自养育，加强亲子陪伴；(2)共同参与，发挥父母双方的作用；(3)相机而教，寓教于日常生活之中；(4)潜移默化，言传与身教相结合；(5)严慈相济，关心爱护与严格要求并重；(6)尊重差异，根据年龄和个性特点进行科学引导；(7)平等交流，予以尊重、理解和鼓励；(8)相互促进，父母与子女共同成长；(9)其他有益于未成年人全面发展、健康成长的方式方法。

合格的父母除了要遵守《中华人民共和国家庭教育促进法》之外，还要在家庭中营造良好的亲子关系。好的亲子关系特别重要，教育学家张文质老师曾说过："良好的亲子关系，是家庭教育的前提。"父母和孩子之间的亲子关系只有亲密、友好、和谐，孩子才会信任父母、认同父母，父母给予孩子的教育才是有效的。

📋 **案例**

搜狐网 2021 年 1 月 25 日登载了一篇题为《合格父母的 3 道关：亲子关系、培养习惯、健全人格》的文章，该文提到犯罪心理学专家李玫瑾教授曾经分享过一个故事——有一个父亲很有本事，通过几年打拼，存了家财百万。但当他回到家时发现，儿子已经长大了，总是逃学，惹是生非。父亲开始想管了，但根本管不了。听说有专家可以

"挽救"孩子，父亲马上领着孩子去专家那里，掏出 10 万块钱说："这孩子交给你了，你负责把他教育好。"李玫瑾教授对此评论道："可怜的父亲应该把 10 万块钱当作自己的工资，把所有的事停下来，儿子没准还有救。父亲得亲自陪伴孩子，不能把他交给别人。"

孩子生命最初的那几年，就是和父母建立亲子关系的重要时期。一旦错过这个关键期，孩子在潜意识里留下对父母疏离、冷漠的标签，自然打心底里就不想服从管教。要想改变这一局面，父母就要给予孩子高质量的陪伴。和孩子相处，父母必须做到情感上的支持、生活上的关心、学习上的帮助。就像心理学家艾莉森·高普尼克所说的："你跟孩子关系怎么样，比你对孩子怎么做要重要得多。"育儿的本质，就是维护好一段亲子关系。只有亲子关系中的情感联结到位了，孩子在未来的学习、生活、社交等方面才能得到正向的发展。

8.3 父母控制模式

家庭教育过程中父母经常用以控制、管理子女的较为稳定的行为方式。一般可分为 8 种：严厉控制模式、限制控制模式、要求控制模式、干涉控制模式、专断控制模式、接受控制模式、过度保护控制模式、忽视或放任控制模式。它受父母的个性、家庭结构、亲子关系、家庭气氛、父母的言语指导等因素的影响。有效的父母控制模式对子女自我控制能力的发展有极大的促进作用。反之，在无效的父母控制模式之下，孩子受到过度的约束或者没有受到任何约束，他们就难以学会自我控制。

以忽视或放任控制模式为例，这是一种不成功的父母控制模式，是一种非常放任且具有较低要求的教养方式。前文已有案例提到，有些父母大量缺席孩子的成长过程，只是为了自己的事业而奋斗，完全顾不上管孩子；有些父母长期在外务工，孩子成为留守儿童。这些父母，由于过度关注自己的事情而对孩子投入极少的时间和精力，要么根本不把孩子的需求放在心上，要么会满足孩子的一切需求，哪怕是不合理的需求。在父母忽视或放任的教养方式下，孩子在 3 岁的时候就会表现出较高的攻击性和易于发怒等外在的问题行为，后期可能会表现出行为失调，他们在上小学以后，学习情况会非常差。

8.4 教养方式

家庭教育中家长对子女所持的教养态度及与之相适应的行为方式。良好的教养方式是家庭教育取得成功的关键之一。教养方式受社会发展变化、家庭社会经济地位、父母文化程度与职业、子女性别、家庭结构等因素影响。根据家长人格特点可分为专制型、溺爱型、放任型和民主型 4 种基本类型。据研究，当前我国家庭教育中，溺爱型偏多，民主型正在逐渐增加。家长应充分认识家庭教育的重要性，了解子女身心发展的特点，进行因材施教，构建科学、合理的教养方式。

8.4.1 民主型教养方式

在家庭教育中，家长讲民主、讲道理的教养方式。持这种教养方式的家长对子女的教育具有强烈的社会责任感，采用合理的教育方法来培育子女。主要特征是平等尊重与适当控制相结合。表现为：（1）对孩子爱而不娇，采取严格而又民主的态度；（2）尊重信任子女，允许其发表意见，并采纳和满足其合理建议和正当要求；（3）理解孩子，能针对其特点，向他们提供足够而有益的信息，注重子女自我教育能力的培养。在这种家庭里，亲子关系融洽，感情真挚，父母是子女的良师益友。孩子往往性格活泼开朗、独立自信、有自制力和创造精神。它是一种成功的、正确的教养方式。

在民主型教养方式下成长的孩子给人的感觉活泼、快乐、直爽，善于交际，思想比较活跃。民主型教养方式的前提是父母跟孩子是平等的，而且父母要求孩子做什么事情的时候，自身也能够做到。父母不是简单地命令孩子做什么，而是跟孩子商量着做什么。有一对都在清华大学工作的夫妇，父亲对孩子说："你的基因没有问题，因为你的爸妈都很优秀，后面的成长就看你自己了。"所以当其他家长忙着给孩子报各种补习班的时候，他们的孩子就可以自由地选择，想学就学，不想学就在家里玩。有的家长可能就会问了："难道他们就不要求孩子去看书学习吗？"是的，不用刻意去要求，因为他们夫妻俩都喜欢读书，而且他们家里有着很大的书柜，里面放满了书。在这种环境下，孩子接触最多的就是书，或许他的玩具就是书。有时父母两人读书，孩子可以选择玩，也可以选择读书，他很自由，而且孩子也会认为自己很优秀。如果孩子睡懒觉，父母想让孩子起床，就会先跟孩子商量。父母可以要求孩子准时起床，孩子也可以要求老爸不在家里抽烟。这样一家人互相协商，相互尊重，通过民主的方式来解决遇到的问题。

8.4.2　溺爱型教养方式

家庭教育中，家长对子女过分宠爱的教养方式。持这种教养方式的家长很爱孩子，但这种爱缺乏理智。主要特征是过分的娇宠。表现为：（1）百依百顺，家长想方设法满足孩子的一切要求，包括无理的要求，对孩子的行为没有一定的要求和控制。（2）包办代替，家长对应由子女做的事包办代替。在这种家庭里，家长变成了子女的奴仆，孩子往往表现出任性、骄横、自私、独立性差的一面。它是一种错误的教养方式。

前文中论及的"纵容""包庇""偏爱"都是溺爱型教养方式的具体表现。中国由于独生子女政策，溺爱型的父母并不少见，这样的溺爱最终只能教育出一个让人伤心透顶的不孝之子。

📖 **案例**

网易网 2012 年 7 月 9 日登载了一篇题为《错误的父母教养方式之一：溺爱型》的文章，该文提到这样一个案例：有一个浙江小企业的老板，对儿子百依百顺，结果这个儿子不好好念书，早早离开校园，混迹社会，不久就学会了赌博。一开始父亲也没有大在意，慢慢地，儿子开始在外面借高利贷赌博，最后债台高筑，儿子一逃了之。有一天，债主拿着一张200万元的欠条找到了父亲。无奈之下，这位爱子心切的父亲把自己的小企业变卖了，还拿出了所有的存款凑足了200万元还了赌债。当债主走后，这位坚信破财消灾的慈父马上打电话给在外面躲债的儿子，让他不必害怕，回来好好重新做人。第二天一早就有人敲门，满心期待浪子回头的父亲忙冲过去开门，谁知来者不是儿子，而是另一个高利贷债主，父亲正在纳闷，但见这个债主也掏出一张儿子签名的借条，一共有300多万元。这位父亲此时突然变得非常平静，告诉债主自己还需要时间筹钱，让他稍等两天。债主走后，父亲和儿子通了电话，证明了300多万元的借款属实。父亲放下电话，一言不发，在自家客厅悬梁自尽。那位不孝之子得知父亲自尽的消息后，只是在一个晚上偷偷回家看了父亲一眼，又连夜逃走躲债去了。

这个悲剧的最初原因就是父亲早期的溺爱，溺爱不仅害了孩子，也断送了自己的生命。如今，在中国，官二代、富二代都是贬义词，这些父母往往对孩子溺爱、放纵，孩子也仗着父母的权势放纵骄奢，不思进取，认为"学好数理化，不如有个好爸爸"。更有甚者，光有亲爹不行，还要想方设法去拼一个能干的干爹，仿佛这个时代就要进入拼爹时代。但在现实中，我们看到的是一幕又一幕从"拼爹"到"坑爹"的悲剧。

8.4.3 放任型教养方式

家庭教育中，家长对子女不闻不问、放任自流的教养方式。持这种教养方式的家长，其家庭教育价值有效感低，平时既不了解子女，也不对他们提什么要求和约束。主要特征是不负责任或任其自然发展。表现为：(1)不过问子女的教育，对子女漠不关心；(2)把对子女的教育推给学校和老师，认为家长的责任就是给孩子吃饱穿暖。在这种家庭里，亲子关系不密切，情感疏远，孩子往往表现出自由散漫、自以为是。它是一种错误的教养方式。

放任型教养方式是低要求或低控制与高接纳或高响应相结合的一种教育方式，持这种教养方式的父母对孩子的日常行为没有太多规定，允许孩子自由地表达自己的感受与冲动，很少对孩子的行为施加严格的控制，甚至对孩子明显有违社会规则的行为也采取无视或者默许的态度。

简书网 2020 年 2 月 28 日登载了一篇题为《放任型教养方式》的文章，该文提到了以下两个案例——

📋 **案例一**

> 轩轩的父母开麻将馆兼卖麻将机，家庭条件不错，但父母对于轩轩几乎没有时间和精力过问。轩轩原本是一个很聪明的男孩，后来经常不完成作业，或者忘记带作业本，上课时注意力也不集中，有时玩东西，有时打瞌睡，经常带零食到学校吃。老师多次电话通知轩轩妈妈，打算去她家访问，但是轩轩妈妈都说很忙。

轩轩父母的教养方式就是典型的放任型，他们认为把孩子送进学校，送去补习班就听之任之。只要孩子的需要满足了，他们就觉得问心无愧了。即便孩子已经出现了问题，他们也选择逃避。这种教养方式导致轩轩在学校的表现每况愈下。

放任型父母往往有着自己独特的嗜好，家庭观念淡漠，他们更加关注自己的心理需要和情感需要，对孩子的关心仅仅限于吃饱穿暖。他们的家庭生活无目标、无规划，对孩子的成长和教育问题漠不关心，对孩子的学业成绩、在校生活、交友情况、习惯养成较少过问。这种家庭环境下成长起来的儿童往往缺乏责任心，行为放纵。

📋 **案例二**

> 梦梦是一名高中生，她母亲是麻将迷，天天打麻将。父亲忙于生意，很少过问女儿的学习情况。梦梦与校外问题男生交往密切，在校

内当大姐大，喜欢欺侮同学，不仅言语粗俗，穿着另类，还常常夜不归宿，多次因争风吃醋殴打别的女生。面对孩子如此严重的一系列问题，梦梦家长仍然不关心也不着急，班主任多次提醒梦梦家长要加强管理，麻将迷母亲也只是随便答应，不置可否。最后在多名家长联名上告的情况下，学校迫不得已开除了梦梦。

8.4.4 专制型教养方式

在家庭教育中，家长对子女采用简单而专制的教养方式。持这种教养方式的家长对子女的教育有强烈的道德责任感，崇尚家长专制作风，不理解子女需要，常用命令和责难来强迫子女顺从自己的意志，主要特征是过分严厉和控制。表现为：（1）简单强制，认为子女必须一切听从家长，家长应靠权力和强制性训练迫使孩子按其意志行事；（2）不通情达理，不了解子女身心发展特点，对其合理要求不予满足，只注意子女的短处，看不到优点和进步；（3）不讲民主，不尊重子女，不听子女申辩而施以无休止的说教、训斥乃至打骂，自己有错误时，不做自我批评或说明。在这种家庭里，亲子关系紧张、情感疏远，孩子往往表现出胆怯、依赖、被动、独立性差或执拗、冷酷、弄虚作假等特点。它是一种错误的教养方式。

专制型教养方式的表现形式与放任型教养方式相反，是一种高要求或高控制与低接纳或低响应相结合的教育方式。这种家庭强调家长的权威形象，孩子必须服从父母的权威，没有商量的余地，只有孩子听父母的，父母从不听孩子的。

📑 **案例**

快咨询网 2019 年 7 月 11 日登载了一篇题为《"专制型"的教养方式，养不出听话的乖孩子》的文章，该文提到了这样的一个案例：女生莉莉一直在妈妈的管教中长大，妈妈一直对她有极高的期望，让孩子学习钢琴，弹错了就会打她；发现孩子与同学出去玩，便着手调查

145

这些同学，告诉孩子不要和那些不爱学习的同学玩；当听说莉莉和同桌男生一起讨论学习的时候，妈妈便认为他们在早恋，到学校向老师要求调换座位。莉莉博士毕业了，在研究所工作，她爱上单位的一位男同事，相处了一段时间后打算和他结婚，但是莉莉妈妈对男方不满意，母女发生激烈争吵，致使莉莉差点自杀。

莉莉妈妈的种种行为都表明她是一个专制型的家长，完全掌控着女儿的生活，即便女儿考上博士了，妈妈仍要安排她的人生。这种专制型的父母会给孩子带来很多伤害，甚至伤害到孩子的生命。

8.4.5 忽冷忽热型教养方式

家庭教育中家长对子女的教养态度及行为反复无常的教养方式。持这种教养方式的家长对子女没有一贯的要求，常常是随心所欲，主要特征是感情用事。表现为：(1)家长常随自己情绪变化对子女提出前后不一致的要求；(2)家庭成员在教育思想和对孩子的要求上认识不一致，因而态度和方法也不同。在这种家庭里，孩子常常表现出无所适从、优柔寡断，甚至出现两面性行为。它是一种错误的教养方式。

在第一种表现形式中，家长对孩子时松时紧，时冷时热，如果心情好，就对孩子溺爱；一旦心情糟糕，看见孩子就觉得不顺眼，少不了训斥打骂。很多人认为过于严厉的或过于放松的教养方式不科学，其实，时紧时松、忽冷忽热的教养方式更是弊端重重。在孩子成长的关键期，家长对孩子严加管教会起到正面效果，能够帮助他们学会遵守既定规则，成长为合格的社会人；而时松时紧、忽冷忽热的教养方式最直接的后果就是导致孩子人格缺陷。前文已经说过，父母是孩子的第一任老师，是孩子的效仿对象。父母情绪的起伏变化直接作用于孩子，这会使孩子也不能很好地控制自己的情绪，在成人之后，孩子的情绪也容易起伏不定，忽冷忽热。这种教养方式轻则影响孩子的人际关系，重则可能会演变成边缘性人格，即看待事物非此即彼、非黑即白，容易走极端。所以，父母先要学会控制自己的情绪，把稳定、祥和的一面呈现在孩子面前，尤其不要把负面情绪宣泄到孩子身上。

第二种表现形式源于父母对待孩子的教育立场分歧，而孩子从小就具有自我保护的本能，懂得"趋利避害"。当孩子犯了错，父母中一方责罚他们时，孩子会本能地寻找另一方的庇护。如果此时另一方站出来跟一方"唱对台戏"，就正中孩子的下怀。久而久之，孩子就会形成惯性思维——总会有人来帮我，即便我做错了。这样的孩子见了困难就喜欢绕着走或者依赖别人，办了错事也喜欢为自己开脱，没有责任感。父母的分歧还会影响孩子自我控制能力的正常发展。自我控制能力从幼儿时期开始萌芽，比如孩子剩饭时，如果父母多次一致地告诉他"剩饭不对"，孩子就会清楚地意识到自己错了，以后就会尽量把饭吃光。这种不断调整不当行为、发扬正确行为的过程就发展了孩子的自我控制能力。反之，父母意见常常相左，这种能力自然无从发展。

📖 **案例**

《红楼梦》中贾宝玉的父亲贾政、母亲王夫人在对贾宝玉的要求方面就不一致，在《手足耽耽小动唇舌　不肖种种大承笞挞》这一回中，父亲贾政为教育宝玉，对其实施"笞挞"并扬言要勒死宝玉"以绝将来之患"，闻讯而至的王夫人上前阻拦，并威胁道："既要勒死他，快拿绳子来勒死我，再勒死他。"

这种教养方式埋下的隐患十分严重，夫妻双方在心理上应该突破"自以为是"的障碍，放心地让一方去管教孩子，相信对方跟自己一样，都是爱孩子的。如果短时间双方无法统一意见，那么也别当着孩子公然对抗。在一方教训孩子时，另一方可以出去转转，等到夫妻独处时，再相互讨论教育的方式方法。

8.5 教养知识

家长科学地抚养、教育子女必须具备的与家庭教育实践密切结合的知识。它是合格家长必须具备的一种修养，包括：（1）卫生保健知识：①优生优育知识；②人体生理学知识；③营养、卫生、运动等常识。（2）教育知识：①心理学（尤其是儿童心理学）知识；②教育学（尤其是家庭教育学）基本原理和方法。（3）广泛的社会科学、自然科学和科学技术知识。（4）广泛的家庭生活和社会生活知识。家长只有通过学习掌握教养知识，才能取得良好的家庭教育效果。

从上述分类来看，教养知识包含的内容特别广泛，家长能够学习并掌握更多的教养知识，会对抚养、教育子女更加有利。但从一些学者的问卷调查来看，在实际生活中，每个家庭所侧重的或所渴求获取的教养知识类型并不一样。有些家长特别注重健康知识，包括如何为孩子提供营养，如何培养孩子良好的卫生习惯、生活习惯，如何教导孩子自我保护，如何预防和处理常见疾病等。有些家长比较注重社会性知识，包括如何培养孩子的传统美德，如何让孩子学会分享、友爱、诚实，如何培养孩子与人交往的能力和品质，如何培养幼儿坚强独立的个性品质，如何让孩子能够有主见、乐观、勇敢、自信地生活等。还有些家长比较注重与学习相关的知识，包括如何培养孩子良好的学习品质、学习兴趣，如何促进孩子有效学习，如何开发孩子的学习潜能等。

💬 知识专栏

　　2010 年中国颁发的《全国家庭教育指导大纲》中对 4—6 岁儿童提出六个指导要点：加强儿童营养保健和体育锻炼；培养良好的生活习惯和卫生习惯；做好安全教育，减少意外伤害；培养儿童良好的人际交往能力；增强儿童的社会适应能力、培养抗挫能力；丰富儿童感性认知，激发儿童早期智能开发。

关于家长学习教养知识的途径，学者也已经通过问卷调查得出结论，有广播和电视、书籍和杂志、长辈、亲朋好友、医生、教师、培训机构、网络、微信公众号等，而且问卷调查发现，那些主动学习教养知识的家长或者积极配合从事教养指导的专业机构的家长，他们的教养观念和教养行为都有所改变，并且能够直接或间接地影响婴幼儿的发展，取得明显的教养成果。

8.6　教养能力

运用教养知识去解决、处理教育实践中所遇到的问题的能力。这是合格家长必须具备的一种修养，包括：(1)了解子女的能力：①能随时观察、了解子女的言行举止及心理状态；②能与子女一道游戏、活动；③能民主、平等地与子女交流；④能倾听别人的意见，全面、实事求是地对待子女。(2)冷静地分析问题的能力。即能对了解到的子女的情况进行分析，做出切合实际的判断。(3)选择适当的教育时机，运用恰当的教育方法灵活地解决实际问题的能力。家长应在家庭教育实践中不断总结经验教训，提高自己的教养能力。

以选择适当的教育时机并运用恰当的教育方法这种能力为例，很多孩子在刚学骑自行车时会遇到一些困难，如把握不准方向、经常摔倒等，孩子这时候就容易畏难，甚至退缩。父母一定要有耐心，千万别说："你怎么那么笨？这点事情都做不好！"家长如果这样说，就容易让孩子破罐子破摔："反正我就是笨，我就是学不好，那我干脆就不学了。"孩子以后遇到类似的困难，可能也会产生同样的心理，做不好的事情干脆及早放弃。有教养能力的家长一般都会抓住这个教育时机，采用正确的教育方法，鼓励孩子摔倒了爬起来，告诉孩子一定行，一定能学会骑自行车，然后再给予孩子适当的帮助。当孩子成功了，有教养能力的家长会及时给予表扬，这样孩子就会有克服困难的成就感，这对孩子今后会产生积极的影响，成为他克服学习、生活中种种困难的潜在动力。

8.7　教养艺术

能获得满意效果的教育子女的技艺。它来源于长期的家庭教育实践，反映了家长对家庭教育规律透彻的理解和掌握。它包括：（1）能自如地驾驭家庭教育活动，使子女在愉快的情绪中不知不觉、心悦诚服地接受教育；（2）能灵活地运用各种教育方法和技巧；（3）善于从生活的细节、身边的琐事中抓住教育的最佳时机，因势利导地进行教育；（4）能巧妙地运用教育机智处理突发事件。

豆丁网"幼儿教育"专栏2022年1月2日登载了一篇题为《教养的艺术》的文章，该文提到了以下两个案例——

📋 **案例一**

有一个农庄的主人，到了中年才生下一个儿子。儿子渐渐长大，但农庄主人不但没有溺爱他，反而对儿子非常严格。孩子不过八九岁大，就必须帮忙整地、除草、施肥、收割……只要儿子偷懒怠工，就会被父亲责骂。一个住在他家附近的老人，觉得那个孩子实在太可怜了。有一天，老人找了个机会，跟孩子的父亲说："唉！你何必对孩子这么严格？就算儿子不帮忙，你的作物还是一样会长得很好呀！"农庄主人微笑着说："老先生，我不是在培育我的作物，我是在培育我的儿子啊！"我们从这个故事可以看出，这位农庄的主人深谙在劳动实践中教育孩子的艺术。

📋 **案例二**

餐厅里坐着两个妈妈，还有她们大约两岁的两个孩子。第一个妈妈的儿子，端坐在儿童座椅上，乖乖地吃碗里的食物，不到半小时就吃完了；第二个妈妈的儿子却是绕着整间餐厅乱跑，引起其他人不断侧目，妈妈还得端着碗，追在儿子后面求他吃饭，一顿饭喂了一个小时还没结束。追累了的妈妈很羡慕地对第一个妈妈说："你真幸运，生了一个这么好带的小孩。"第一个妈妈摇摇头："这不是幸运，这是教育。如果我儿子不肯吃饭，我就马上把食物收起来，就算他肚子饿，我也不会妥协，一定得等到下顿饭的时间，他才有得吃。"累得喘气的妈妈露出难以置信的表情："什么？两岁的孩子，哪里懂得这么多呢？你也太狠了吧！""如果两岁的孩子不能教，要到几岁才能教呢？是五岁、十岁？还是二十岁、三十岁？"这番话问得真好！养儿育女，父母该靠的不是"好运"，而是"教育"，是对教育规律透彻的理解和掌握。

8.8 亲子观

家长怎样看待和对待亲子关系的观点的总和。它影响着家长对家庭教育的态度和教养方式。亲子观具有时代性，受儿童观的影响。封建社会把子女看作家庭的私有财产，子女对家长是一种依附关系，即"父为子纲"。现代社会中，家长应建立科学的亲子观。其核心是把亲子关系看成平等、民主的关系，即把父母看成是子女的良师益友，把孩子看成是具有独立人格的个体，互相之间是相互尊重、相互关心的关系。为此，家长应注意摒弃封建家长制观念，增加对子女的了解和理解，树立正确的亲子观。

父母要树立正确的亲子观，首先必须给予孩子足够的尊重与自由，让孩子在自然成长中享受快乐，在日常生活中形成独立的意志品质和健全的人格；其次要不断地提高自身的教养能力，不断地加强自身的思想、品德与文化的修养，多与园、校沟通，多学习与教育相关的知识；最后是不断优化家庭环境，营造良好的家庭教育氛围，在思想、学习、生活、工作各方面去影响、感染孩子，使孩子在耳濡目染、潜移默化中养成良好的习惯，形成正确的观念。

父母树立了正确的亲子观,就会爱孩子但不控制孩子,对孩子不放纵不忽视,不溺爱不宠爱,能够信任孩子,接纳孩子的缺点,欣赏鼓励孩子的优点。即使亲子间出现矛盾冲突的时候,父母和孩子也能平心静气地协商沟通,彼此理解宽容。

8.9　爱子观

家长对怎样爱子女的看法,它是家庭教育的前提。正确的爱子观认为,对子女的爱是既建立在亲子关系基础上,又建立在为国教子基础上的理智的爱,是对子女的尊重、信任、关怀、保护和严格要求相结合的爱。错误的爱子观主要表现为:(1)认为爱子女就应该无条件地满足其要求。持这种爱子观的常常是物质条件优越的家庭或独生子女家庭。(2)认为爱子女就应该高标准、严要求,使子女服从家长的安排。持这种爱子观的常常是受封建家长制影响较深,有"恨铁不成钢"思想,而又缺乏家庭教育知识的家庭。家长应注意提高认识,树立正确的爱子观。

📖 **案例一**

《触龙说赵太后》是《战国策》中的名篇,讲述的是战国时期秦国攻打赵国,占领赵国三座城池,赵国形势危急,向齐国求援。齐国一定要赵威后的小儿子长安君到齐国为人质,才肯出兵救赵。赵威后溺爱长安君,执意不答应齐国,致使赵国危机日深。后来在老臣触龙的劝说之下,赵太后懂得了"父母之爱子,则为之计深远"的道理,送长安君到齐国作人质,化解了赵国的一次危机。这个故事反映出赵威后能够在别人的劝说下提高自己的认识,树立正确的爱子观。

📖 **案例二**

中国侨网 2015 年 7 月 1 日登载了一篇题为《侨史钩沉:从遗言看陈嘉庚的爱国主义情怀》的文章,该文讲述了陈嘉庚的故事:被毛泽东誉为"华侨旗帜，民族光辉"的爱国华侨陈嘉庚有着高尚的爱子观，他把含辛茹苦挣来的钱用于教育事业和支援祖国革命，而不是留给子女去享受。他认为"祖国前途是最重要的""教育不振、实业不兴是国家积弱根源"。他在南洋创办五所华文中小学和两所中专，在家乡厦门集美镇创办当时规模最大的集美学校，内设师范、中小学、幼儿园和水产、航海、商业、农林专业及幼师、艺师、国学专科。1921 年他又创办厦门大学，每年要开支教育经费百万元以上。他对孙中山革命和祖国的抗战经常欣然解囊，动辄捐献数百万元。1961 年，陈嘉庚先生在北京病危时，立定了处理他私人财产的遗嘱："我的私人财产，全部作为集美学校的校产。子孙回来安家，每人每月发给 25 元生活费。孙儿读书，每月另补贴学杂费，直至毕业或自己不再学习为止。"

8.10　人才观

家长对人才的价值取向和对子女成才的价值取向的总和。家长对人才的价值取向必然影响其对子女成才的价值取向，使得家长对孩子有不同的期望水平，从而决定着家庭教育的方向、任务、内容和方法。家长的人才观受社会发展的制约。封建社会崇尚仕途，认为只有取得功名利禄、成为光宗耀祖的"人上人"才是人才。这种封建的人才观对当前家庭教育还有一定的影响。加上现行教育制度的一些弊端，使得一些家长认为：分数＝知识＝智力＝文凭＝成才。价值偏差使得家庭教育片面追求文化学习，忽视子女品德、个性发展。家长应树立科学的现代人才观，把子女培养成身体强健、智力发达、人格健全的人，要求子女不仅要有现代科学文化知识及其运用能力，而且要具有责任感，有自立、自律、民主参与、关心他人和创造开拓、竞争的意识，以及对生活、对社会的积极态度、良好的思维方式和行为方式。

我国家长的人才观主要有知识型、技能型、品德型、社交型、创造性和普通型等。家长的人才观，在很大程度上影响着他们的教养重点，即在时间、精力和经济方面的投入。如有的家长，他们往往把教养重点放在知识的传授、智力的开发或技能技巧的训练上，而对孩子自理能力、个性与社会性等方面的发展不够重视，与其他家长相比，他们在子女教育上显得比较紧张和有压力，总要抽出大量时间辅导孩子学习，或花钱送孩子去各种辅导班，生怕孩子知识学得太少，会落在别的孩子后面。这类属于知识型或技能型人才观的家长，他们的人才标准是，要么知识渊博，受过高等教育，要么有拿手的绝活，至少得有一技之长。

有些家长则坚信"有德便是才"，较多地把注意力集中于孩子的品行、人格的发展和培养上，他们不要求孩子对某一种能力的学习与掌握，而对孩子品德方面出现的问题，他们往往格外重视。这类家长是品德型人才观的家长。

还有些家长具有较强的现代意识，在教养子女方面，他们强调的是自信、大胆和灵活性，注意通过自理能力训练，培养孩子的独立性和自主性。为了培养孩子的独立能力，有些家长坚持让孩子自己穿衣服，自己吃早餐，吃完早餐自己收拾学习用品去上学，哪怕学习用品遗漏了或损坏了，也要孩子自己动手，使孩子得到锻炼。这类家长在人才观上往往倾向于社交型或创造型。

另有一类家长认为，一个人无论能力大小，知识多少，只要能够踏实生活、自食其力便是有用之才，因而他们不刻意追求孩子学业上的"成功"，更多地关心孩子身体的健康和为人的朴实与正直。这是典型的普通型人才观的家长。

客观地说，家长倾向于怎样的"人才"本身并没有对错、优劣之分，但如过分强调某一方面而忽略甚至完全不顾及其他方面的发展与培养，这就可能造成孩子整体发展的失衡，影响孩子身心全面和谐地发展。就我国目前的家长人才观来说，以知识型和技能型居多，出现了普遍的"重智轻德"倾向，许多家长在知识和技能的学习方面对孩子过度教育，而在孩子的个性发展和自理能力培养方面管教不足，使孩子在行为习惯、独立性和社会性等方面出现了一系列问题。有的家长为了使孩子将来能上大学，从三四岁就开始限制孩子的自由玩耍时间，强迫孩子读书识字，剥夺了天真活泼的孩子应有的快乐，不少孩子被弄得精疲力竭，小学还没毕业就高度近视，身体健康状况不容乐观，以致于他们盼望"什么时候能像爷爷一样退休"！在农村，知识型和技能型人才观的家长比例更大，在"万般皆下品，唯有读书高"的观念的驱使下，他们往往觉得自己缺乏教育子女的能力，把全部希望都寄托在老师身上，自己对孩子很少过问。人才观方面的偏见，使他们没能很好地承担起教育子女的责任和义务。

要克服"重智轻德"的倾向，使孩子身心健康和谐地发展，家长应该明确以下两点：首先，无论孩子将来成为什么样的"才"，首先要让孩子做一个真正的"人"。有句话说得好："学习不好是次品，身体不好是废品，品德不好是危险品。"孩子由于没得到良好的品德教育而成了不肖子孙的事，在社会上时有所闻，家长应引以为戒。当然，自理能力的培养也不是件小事，否则孩子成年后，虽满腹经纶却缺乏最基本的独立生活能力，这样会给生活带来难以想象的苦恼。其次，家长应该认识到，社会在一日千里地前进，时代在飞速发展，今天的"绝活"可能在明天就会因新技术的诞生而无人问津，今天所拥有的可以称为渊博的知识也许在明天就会变成浩如烟海的信息网中的一个不起眼的片断。因此，父母不可能教给孩子一辈子够用的知识和技能，只有健全的人格、对事物持久而强烈的兴趣，以及独立自主、大胆开拓的精神，才可能使孩子一辈子享用不尽。

📝 思考与讨论：

1. 家长应该通过哪些方法来提高自身的修养？
2. 合格父母的具体标准是什么？怎样才能成为合格父母？
3. 父母控制模式有哪些类型？如何建立成功的父母控制模式？
4. 教养方式有哪些基本类型？
5. 教养知识和教养能力分别包含了哪些基本内容？

第九章 亲职教育

📝 本章学习目标

通过本章的学习，读者应了解和掌握下列内容：

· 亲职教育的内涵、目的及内容

· 家长威信的内涵及其主要表现形式

· 不合理的家长期望的类型

· 隔代教育的具体表现和弊端

· 父母效能训练的内涵和策略核心

9.1 亲职教育

对父母及其家庭其他从长辈所进行的一种教育。这种教育，其目的在于使亲职者能够运用教养子女的知识、技能、态度与观念，有效地履行自己的职责，促进亲子间的和谐关系，从而最终达到家庭生活和谐、美满、快乐。"亲职"的亲，除双亲以外，还可延伸为祖父母、外祖父母，甚至叔伯姑姨等长辈，但一般指父母。亲职教育家认为：父母亲是儿童最主要的影响人物，子女的价值观念、成就动机、奋发意志、升学与就业意愿及行为方式，都受父母教养方式与亲子关系的影响。因此，与家长配合，共同改善孩子的生长环境，达到"家园、家校同心"至关重要。亲职教育的目的是：(1)建立健全的家庭生活；(2)建立正确的亲子关系；(3)了解现代父母的职责与角色；(4)学习管教子女、与子女沟通的正确有效方法；(5)对子女教育的特殊难题谋求解决之道；(6)协助子女成长及自我成长。亲职教育的内容有：(1)适当的教养子女的方法；(2)父母对幼稚园、学校教育的适当态度；(3)子女的家庭适应；(4)适当的婚姻观念和为人父母的准备(年轻父母)。亲职教育可以通过大众媒体传播、家长会、母子会、妈妈教室以及家庭访问等途径进行。主要的亲职活动有家长座谈会、亲职座谈会(专家讲演、解答家长问题)、出版"家园通讯"、家长教学观摩、亲子活动、家园联络(黑板报、家庭访问、电话)等。

接受亲职教育是家长终生的功课，因为在家庭的每一阶段，亲子关系面临的挑战不同，亲职教育水平要求亦不同。社会发展的加速使家庭教育常处于矛盾之中，既想依恋传统又欲追求新潮，只有接受亲职教育，使家长明了追新求异并非丢掉传统，但须学会因时空改变、需求相异做出相应调整的本领。

推行亲职教育，可以从根本上提升家长的教育素质。

📋 **案例**

武汉大学出版社于 2022 年 5 月出版了《〈中华人民共和国家庭教育促进法〉家长读本》一书，该书在"专家视角"这一章里记载：根据《中华人民共和国家庭教育促进法》第四十九条的规定，公安机关、人民检察院、人民法院在办理案件过程中，发现未成年人存在严重不良行为或者实施犯罪行为，或者未成年人的父母或者其他监护人不正确实施家庭教育侵害未成年人合法权益的，根据情况对父母或者其他监护人予以训诫，并可以责令其接受家庭教育指导。根据该条规定，公安机关、人民检察院、人民法院有权责令未成年人的父母或者其他监护人接受家庭教育指导。实践中，主要是由作为司法机关的法院依法发出《家庭教育令》。

根据《北京青年报》的相关报道，截至目前，江苏、湖南、广西、广东、福建、四川、重庆、内蒙古、江西等地的法院陆续发出《家庭教育令》。2022 年 1 月 1 日，《家庭教育促进法》正式开始实施。当天，江苏省盱眙县法院向一名因犯罪被判刑的未成年人的父亲发出了一份《责令接受家庭教育指导令》。在该案中，未成年人犯军军(化名)因犯罪获刑 5 年。法院发现军军的父亲没有切实履行好监护职责，疏于家庭教育，放任军军上学期间及辍学后长期与社会闲散人员交往，也没有通过有效的家庭沟通和家庭教育帮助孩子树立正确的人生观、价值观，在一定程度上导致其走上了犯罪道路。法院于是向军军的父亲发出《责令接受家庭教育指导令》，并举办了未成年人家庭教育培训班，邀请家庭教育讲师团对军军父亲如何进行家庭教育进行专项辅导，辅导的内容包括如何与正在服刑的未成年子女重新建立有效的家庭沟通、如何帮助未成年子女重新认识自我并尽快改正错误、如何引导未成年子女进行职业规划等。1 月 10 日，广东省新会法院在审理一起涉寻衅滋事刑事案件中，针对监护人在家庭教育中不到位的情形，分别向存在不良行为的作案人和被害人的监护人发出《家庭教育令》，这是《家庭教育促进法》施行后，广东发出的首份《家庭教育令》。

《家庭教育令》依据《家庭教育促进法》以及案件的具体情况来制定，主要是针对存在家庭教育意识不高、方法不对、效果不好等情形的家庭发出，依法强制让家长接受亲职教育。

9.2　家长威信

家长在子女心目中的威望和信誉。这是家长修养的一种表现，也是一种无形的家庭教育力量。一般来说，家长威信越高，家庭教育效果越高。它主要表现为：(1)家长受子女爱戴、尊敬和信赖，子女有心里话愿意跟家长讲；(2)对于家长提出的正确批评，子女乐于接受，对子女进行的表扬有激励作用；(3)对家长提出的合理要求，子女能自觉地、毫不勉强地听从，并能把这种要求转化为实际行动。家长应努力提高自己各方面的修养，在家庭教育中建立和维持自己的威信。

苏联著名的教育理论家和教育实践活动家、著名的教育艺术大师马卡连柯指出："威信本身的意义在于它不要求任何的论证，在于它是一种不可怀疑的长者的尊严、力量和价值。"（马卡连柯《儿童教育讲座》，河北人民出版社，1997年8月出版。本节所引用的马卡连柯的语言或观点均出自《儿童教育讲座》第二讲）家长威信是家长与子女之间的一种积极的、肯定的相互关系。建立这种关系的基础，是家长对子女的尊重与子女对家长的爱戴。它排斥了训斥与听命、支配与服从的专制式亲子关系，也排斥了家长为提高地位而人为制造的权威。日常生活中，家长对孩子的关怀与帮助，对孩子人格的尊重和信赖，引发孩子内心深处的真诚感激，从而使得家长对子女提出的合理需求能为子女积极、自觉地接受，并在实际行动中努力按照家长的要求为人处世。日久天长，家长与孩子之间就会形成自觉并且是亲密的教育和被教育的关系。家长在孩子的心目中，也就自然而然地具备了一种建立在威望基础上的巨大的教育价值和教育力量。

🗩 知识专栏

家长威信至少具有以下两个方面的特点：其一，威信如同校风、学风一样，是一种无形的精神上的东西，是看不见、摸不着的、难以量化的，但在家庭生活中，在家长与孩子的共同生活和活动中，威信又是无处不有、无所不在的。家长对孩子说的每一句话，给予的每一条指令，甚至是一个眼神、一个动作，威信无不隐约渗透其中。其二，从家长的角度看，威信是一种威望和信誉；从孩子角度看，威信是一种尊重和信从。两者相互作用，相互影响，使尊重和热爱成为一座架设在家长与孩子之间的桥梁。在家庭教育中，父母在子女心目中拥有一定的威信是不可或缺的。如果父母在子女面前毫无威望和信誉，子女对父母没有适当的尊敬、信任和听从，那么，合理的教育就无法得到保证，就不能达到教育的效果。可见，威信是父母对子女有效地进行教育和子女自觉地接受教育的重要条件之一。

　　马卡连柯指出，每一个家庭的父母都可以建立起威信，但不是每一个作为教育者的家长都可以建立起教育的威信。教育的威信是正确的威信，其产生依赖于正确的教育方法。有些父母在错误的基础上，运用不正确的方法去建立人为的威信，是虚假的、错误的"威信"，是没有教育效果的，例如以下八种：(1)高压的"威信"。父母严而无教，时常恐吓、训斥孩子，甚至"像刚愎自用的人那样残酷地对待孩子"，动辄施以暴力，实施棍棒教育。(2)疏远的"威信"。父母从不主动接近孩子，总是力图使自己离孩子远一点。譬如，把孩子交给祖母或交给保姆照应而撒手不管。他们很少与孩子交流感情，孩子不了解父母的想法、爱好、兴趣等，父母也不知道孩子的需要、兴趣和个性特点。孩子对父母敬而远之，父母与孩子之间存在着明显的鸿沟。(3)宠爱的"威信"。父母对子女的淘气逞能和乖张脾气姑息迁就，不给子女指明努力的方向，也不提出任何要求，而是对子女有求必应，一概满足，导致子女任性妄为，养成执拗性格。马卡连柯认为，这是最危险的"威信"之一。(4)虚荣的"威信"。父母视自己的言语为法律条令，话一说出口，子女就得绝对听从，即使是说错了，但为了维护自己的所谓尊严，也要迫使子女照章执行。(5)摆架子的"威信"。父母好为人师，自以为是，自高自大，总以为比别人高明，不虚心接受子女以及他人的正确意见。(6)炫耀的"威信"。父母总喜欢在孩子面前津津乐道荣耀的家史和自己以往的成就，喜欢把自己吹捧成为"最有功勋、最为重要"的人物，不向孩子提出奋斗的目标。(7)说教的"威信"。父母无视孩子是否愿意听，也不管是否恰当，在任何场合下总是海阔天空、滔滔不绝地说个不停，摆出一副说教者的姿势。(8)诱惑的"威信"。获得这种威信的父母总是用爱抚和各种各样的奖赏来抬高自己的地位，用小恩小惠来收买孩子的心，这种"威信"只能使孩子趋于道德上的腐化。马卡连柯认为，上述种种不正确的"威信"是与父母真正的威信格格不入的，一些父母为寻求这些"威信"所运用的方法和手段也是不恰当的，是不可取的。这些"威信"对教育孩子更多的是起反面作用，应当加以摒弃。

父母正确的威信与上述虚假、错误的"威信"有着本质的不同，因而其树立这种威信的途径与方法也迥然有别。马卡连柯认为，父母正确的威信应"建立在父母的生活和工作上，建立在父母的公民面貌和父母的行为上"。父母的"权威应当不是由父母对子女的关系，而是父母自身决定的"。在日常生活中，父母的一举一动，一言一行，乃至一些微不足道的细小事情，对建立威信都具有十分重要的意义。所以，父母应该对生活持积极乐观的态度，努力工作，勤奋好学，具备健康的、积极向上的工作作风和精神面貌，具备有充分价值的、觉悟的、劳动的、有道德的生活和行为。父母必须品行端正，身体力行，言行一致，表里如一。切不可表面一套，背后又一套，也不允许在社会上是一个样子，在家里又是另外一个样子。

马卡连柯认为，父母品行不端，表里矛盾，言行不一，在孩子面前就永远树立不起真正的威信。父母要善于控制和调节自己的情绪，高兴要适度，生气要得当，不要因为自己的心情而影响正常的面部表情和说话腔调，更不要反复无常，一会儿逗笑孩子，一会儿又打骂孩子。否则，父母得不到孩子的尊重与信赖，也树立不起正确的威信。父母要深入了解子女，帮助子女，并在此基础上对子女提出严格的要求。全面深入地了解子女，是教育子女和树立父母威信的前提条件。父母要深入孩子的生活，了解孩子是如何生活的，关心什么，不关心什么，喜爱什么，不喜爱什么，希望什么，不希望什么。了解孩子跟谁玩耍，玩些什么，读什么书，对读过的书了解得怎样，孩子对周围的人和事的态度如何，生活中有何困难，等等。父母只有在深入了解孩子的基础上，才能与孩子打成一片，交流思想，融洽感情。马卡连柯认为，这是父母通过了解孩子获得的威信。孩子在生活中还常常会遇到他们不知道怎么办的场合，遇到需要谨慎关切和帮助的场合。此时，父母应针对子女存在的问题，耐心细致地进行积极正面的引导，动之以情，晓之以理，导之以行，使孩子从思想感情上听从父母的教导，并在实际行动中表现出来。

了解孩子，根据孩子的实际情况指导和帮助孩子，这是父母建立威信的前提条件。父母还须提出严格的要求，对孩子的缺点、错误要严肃处理，及时予以纠正，不能怂恿迁就，放任自流。父母的要求一经提出，就要督促孩子按要求行事，持之以恒，决不松懈，这也是形成和保持父母威信所绝对必需的。父母应当安排和组织好家庭生活，形成团结和睦的家庭生活氛围。家庭生活的规律化和正常化，家庭成员之间的彼此尊重和相互信任，家庭里健康、丰富多彩的生活内容和气氛，都是形成父母威信的重要因素。父母应当善于正确合理地安排、组织、领导家庭集体生活，力求家庭生活科学化。家庭成员内部要养成孝敬长辈、爱护后代的良好风气。父母之间要互助互爱，互谅互让，尽量避免生活中的矛盾和摩擦，一旦发生矛盾，双方要心平气和地讲明道理，合理地加以解决，切不可大吵大闹，拳脚交加，用粗暴的方式解决矛盾，更不要固执己见，使矛盾升级，导致家庭破裂。马卡连柯指出，"家庭集体的完整和团结一致是良好教育的一个基本条件"，也是父母保持自身在子女眼里美好形象和树立威信的重要因素。

在家庭教育中，作为教育者的父母能否对子女进行有效教育，充分发挥家庭教育的积极作用，首先取决于父母在子女心目中的威信。实践证明，教育者的威信与其教育作用的发挥呈正比关系。父母的威信越高，积极教育作用就越大，反之越小。如果父母在子女面前没有威信，就不可能对孩子实施有效教育。在现实生活中，时常可以听到一些父母这样抱怨："我的孩子越来越不听话，你说他一句，他顶你两句，好像觉得他有理。""现在的孩子越来越没大没小，我有时管教他，他还说这个你不懂，有时我真的很生气。"诸如此类的言语反映出来的缺失教育效果的问题，其根本原因就是父母在孩子面前缺失威信。

可见，父母拥有威信，是教育好孩子的前提条件。父母在孩子心目中拥有崇高的威信，有利于正确的教育方法的实施，而父母威信的建立又依赖于实施正确的教育方法。一些父母在树立自身威信的过程中，由于方法不正确或使用不当，陷入种种误区。在我国常见的误区有高压、傲慢、摆架子、说教、忍让、收买、溺爱等。使用这些方法的父母不但形不成教育的权威，而且有损自身威信的建立，造成不良的结果，要么使孩子慑于淫威，唯唯诺诺，口服心不服；要么导致孩子逆反心理的产生，与父母对着干，或者对父母不屑一顾，形成厌烦、逃避、疏远、我行我素等心理和行为。

马卡连柯说，"父母自身的行为在教育上具有决定的意义"，这也是父母树立威信的关键。父母要求子女做到的事情，自己首先要做到；父母要孩子好好学习，自己就要好学上进；母要孩子团结友爱，自己就要处理好跟周围人的关系，与他人友好相处；父母要孩子尊敬长辈，自己首先就要孝敬父母，为孩子做出表率。可以说，孩子对父母的尊重和信从，不仅要看父母怎么说，更主要的是看父母怎么做。父母要像我国古代典故《曾子杀猪》里的主人公曾子一样，在孩子面前言必信，行必果。父母言而有信，是树立自身威信所绝对必需的。此外，对孩子存在的问题，父母的教育态度要一致。父亲一种态度，母亲一种态度；一方严厉，一方宽松；一方斥责，一方袒护。这些都是不可取的，长此以往，父母在孩子面前的威信就会荡然无存。

9.3 家长期望

家长对子女行为结果的预测性认知。包括总体期望、职业期望、收入期望、健康期望、学业期望。它受家长的社会需要影响，会强化家长的教育行为，使之更关心孩子的事情。在一定限度里，家长期望越高，子女受到的鼓励越大，子女的成就动机越强烈，努力程度也越高，其结果会使子女的学业成绩、思想道德水平等普遍提高。受中国"光宗耀祖"传统思想的影响以及家长中存在的补偿与攀比等社会心理特点，有些家长对子女的期望普遍过高，带有盲目性。表现为家长期望与子女实际情况、家长自身的教育水平不相符合。过高的期望不但对孩子起不到激励作用，反而使他们望而生畏，造成沉重的精神负担，严重影响其身心健康成长。为此，家长应注意：(1)为子女设计的发展目标要考虑孩子的身心特点和自身条件；(2)要考虑社会需要和可能性；(3)家长期望应与教育实施手段相适应。

在竞争激烈的今天，在"望子成龙、望女成凤"的思想支配之下，中国很多家长把孩子考高分、考取重点大学作为期望。

💬 知识专栏

中国青少年研究中心曾对全国 2400 多名儿童做了抽样调查，调查显示，91.7% 的父母希望孩子获得大专以上学历，其中 54.9% 以上的父母希望孩子读到博士学位，83.6% 的中学生父母要求孩子考试成绩要在前 15 名，中心副主任孙云晓说："这绝对是一个不可能实现的目标。"

正是家长不合理的期望，给孩子施加了源源不断的压力，从而致使孩子的身心受到严重伤害。我们看看学大教育网 2013 年 11 月 21 日登载的一篇题为《家长对孩子的期望应该更加合理》的文章中提到的几个案例——

案例一：某中学一名初一学生在给母亲的信中写道："妈妈，您能给我一点玩的时间吗？其实我们也需要娱乐的时间，来放松我们的身心……"

案例二：一名 14 岁初二学生经常凌晨起床，从书包里拿出书和本子，在黑暗中一本正经地做起作业来。重庆医院附属儿童医院心理专家经诊断得出结论：由于孩子的父母望子成龙心切，过度安排繁重的课外作业，导致孩童梦游。

案例三：一名 13 岁的初一学生亮亮染上了"怪病"，狂拔自己的眉毛、睫毛及头发。3 个月的时间里，眉毛和睫毛几乎被拔光，由于头部被拔出两块鹅蛋大的"空地"，只得戴上帽子。儿童医院心理专家与亮亮交谈后发现，内向的亮亮只要谈到学习，他的反映便特别敏感，双手立即放到头部开始抓挠起来，嘴里还不停地告诉心理专家，虽然自己成绩很好，但还是担心考不上重点中学，如果考不上，不但会遭到父母的谴责，还可能遭到同学的耻笑。

存在于家庭教育中不合理的期望主要有以下几种——

(1)期望过高。孩子是祖国的未来，父母的希望。在家庭中，家长无一例外地对孩子的将来有所考虑和期望。期望孩子成绩出众，将来上大学，有成就的有之；期望孩子有经营头脑，将来可以挣大钱的有之；期望孩子体格健壮，将来可以破记录，拿世界冠军的有之；期望孩子只要快乐、平安地度过一生的有之……总之，天下所有的父母都希望自己的孩子有能力，有本事，将来能够好好地生活，能够比父辈们生活得更好。于是在孩子还是幼儿时，父母不管孩子喜不喜欢，玩具、图书、音像资料买了一大堆，幼儿早期教育的物资准备工作做得很好，然而却忽视了思想教育。上学后，有的家长总希望孩子成绩名列前茅，让孩子参加各种各样的特长班，也有的为孩子布置了额外的家庭作业，不允许孩子外出参与交往。过高的期望会变成孩子肩上沉重的压力。

(2)期望单一。由于中国长期的学历第一的择业标准，导致了家长对孩子最大最直接的期望就是读好书，获得高学历。在大多数家长看来，学历是孩子进入社会的资本，甚至是通向成功的唯一一把金钥匙。有一名中学生曾在作文中诉说："我觉得现在的父母最爱的好像不是孩子，而是孩子的好成绩。"可见，家长对孩子的高学历期望有多高。这种单一的期望不仅强化了教育中重智轻德、重分数轻能力的弊端，而且自觉不自觉地将孩子陷于文化学习的小天地，在一定程度上抑制了孩子的全面发展。

(3)期望盲目。很多时候家长对孩子的期望来自于自己的一厢情愿，带有很大的盲目性。他们会根据自己的喜好，给孩子绘制未来的生活蓝图，把自己的理想寄托在孩子身上，想使在自己身上没有实现的理想在孩子身上实现，完全忽略了孩子的自身特点。更有家长随波逐流，看到谁家的孩子在哪方面取得了成绩，就逼迫自家的孩子也朝那方面发展。这些不合理的期望给孩子带来的压力，使得孩子会存在某些情绪或情感问题，而这些情绪或情感问题也反过来影响或阻碍学习。

衡量家庭教育质量的三大指标是个人习惯、道德水平以及身心健康，学习成绩并不在内。成绩只是评价学习结果的一种手段，一个参数，不具备任何发展意义。家长如果一定要求孩子达到多少分以上，一定要考进哪所重点学校，而不考虑孩子自身的实际发展情况及需要，往往会带孩子走入唯成绩最重要、唯考进重点学校才有前途的认知误区，孩子会越学越觉得有压力，最后导致身心都受到一定程度的伤害。

9.4 隔代教育

祖父母或外祖父母对孙子女或外孙子女所进行的家庭教育。它可以减轻父母的负担，给老年人带来快乐。但由于直系血亲关系，祖辈常把孙辈当作是自己生命的延续，对孙辈的成长注入了过分的关怀和爱护。具体表现为：(1)在教养态度上表现出溺爱；(2)在教育内容上重养轻教，过分保护孩子的身体，忽视良好行为习惯的培养；(3)在教育方法上大多包办代替或哄骗、迁就；(4)对孩子行为上限制过多，忽视孩子独立性和探索精神的培养。隔代教育中，祖辈要做到：树立正确的家庭教育观念，运用科学的教育方法，与父辈取得教育的一致，理智地教育好孙辈。

近年来，随着经济的发展和城市化进程的加快，一些父母由于工作繁忙，将子女交给老人抚养，接受隔代教育。隔代教育引发了一系列问题，前文已经做过分析，由于父母不在身边，受隔代教育的儿童长期缺乏父母的抚慰与关怀，往往焦虑紧张，缺乏安全感，人际交往能力较差。

无数案例证明，亲子抚养比隔代抚养和寄养能更好地促进儿童的身心健康发展。家庭教育的责任主要在于父母，父母才是主角，父母要给予孩子足够的爱，同时帮助孩子养成良好的习惯。在养成习惯的时候，需要纪律作支撑。爱与纪律同样重要，如同一辆车的两个轮子，这样车子才能顺利地往前行驶。爷爷奶奶在孩子的生活中可以是配角，因为家庭如同一个团队，团队中的核心人物是父母，老人是辅助者，协助团队达成统一的目标。主角、配角位置颠倒的家庭教育，亲子关系是不健康的。

9.5 家庭教育指导

学校、社区和其他企事业机关单位对家长教育子女方面提供帮助和进行指导的过程。它是一种以家长为主要对象的，以帮助其提高家庭教育水平为直接目标的，以促进儿童身心健康为最终目的的社会成人教育。针对不同年龄孩子的家长，家庭教育指导内容有异。幼儿家庭教育指导的主要内容有：（1）幼儿身心发展规律及其年龄特征；（2）幼儿家庭教育的规律、特点及内容、方法等；（3）幼儿园教育的性质、目的、内容和方法。其形式可分为：（1）个别指导；（2）集体指导；（3）提供文字、音像资料等。具体指导模式有：（1）认知模式；（2）情感模式；（3）行为模式。无论何种指导方式都应遵循全面性、针对性、互补性、坚持性原则。目前，学校在家庭教育指导上存在一些偏差，表现为：（1）对家庭教育的指导变成指挥；（2）学校教育的片面性强化了家庭教育的片面性；（3）指导形式和内容单一。学校、社会、家长应对此加以重视，努力做到家庭教育指导真正对家庭教育有帮助。

图 9-1　家庭教育指导流程图

家庭教育指导也是亲职教育的一种形式，学校一般会以家长会的形式对家长进行家庭教育指导，也有很多班主任以家访或请家长来校座谈的形式对学生家庭进行个别指导。

📋 案例

上海市闵行区龙茗中学官网 2018 年 8 月 14 日登载了一篇题为《读

懂你的无言》的文章，该文记载了一个家庭教育指导的成功案例：小帆是我班上一个较内向的男孩子。平日活动中虽不算积极主动，但性格和善的他也总能融入集体和同学打成一片；学习上，除了英语薄弱一些，其他科目的学习一直保持中等偏上。在家里，他是懂事沉稳的哥哥，时常会照顾弟弟，从来不和弟弟争吵。进入初一下半学期，我发现小帆常常踩着铃声进教室，迟到的次数也越来越多。当我问他为什么会迟到时，他的解释就只有'起晚了'三个字。电话家访中，小帆的母亲说她每天早上都要叫好几次，小帆即使醒了也偏要赖一会儿床；有时只说肚子疼便不理会任何人，又倒头再睡。几天后，我接到了小帆父亲从外地打来的电话，他请求我放学后去他家家访一次，因为儿子厌学了，在家里一声不吭。自己又在外地，孩子根本不和母亲交流，想让我劝劝孩子。

"在我印象里，小帆在学校学习积极，没有被任课老师批评过，也没感到学习压力大，看来小帆厌学的根源不是在学校，可能是在家庭。抱着满心的疑虑，我来到了小帆家里。那天傍晚他的父亲还出差在外，我向他的母亲了解到：小帆进入初一之后，小帆父亲为了攒钱给两个儿子上私立高中的国际班，接下了杭州的一个工程，有时一出差就是半个多月。小帆母亲既要工作，又要照顾两个孩子，每天从早到晚忙得像打仗一样：一大早就心急火燎地给两个孩子做早餐，送小帆弟弟上学，催促小帆自己上学；一下班又要接两个孩子放学，回家做晚饭，整理家务，监督作业。

"在和小帆母亲进行交流后，我意识到了问题的症结：小帆并非真正的厌学，很可能是想表达对母亲唠叨催促的不满以及引起出差在外的父亲的关注。以往小帆上学都是由父亲送，现在一下子要自己走路上学，小帆很不习惯；每天早晨要面对母亲的大声催促，也让小帆十分烦躁。理解自己的父亲又不在身边，无法沟通，小帆渐渐锁上了心门，不再理会母亲的任何说教，用无言进行着默默的抵抗。

"了解到这些情况之后，我分别给小帆的父母提出了建议。给小帆母亲的建议是：阅读学习，懂得反思。我笃定地告诉小帆母亲孩子很好，没有厌学的情绪。在学校和同学关系不错，即使在家里休息也会自己看书学习。当母亲不解地问我'小帆总要迟到，不去上学，该怎么办?'时，我给小帆的母亲留下了家庭作业，让她阅读《不输在家庭教育上》这本书的两章：《帮助孩子独立起床的步骤》和《早晨磨蹭一声吼》。次日一早，小帆就和同学有说有笑地来到教室了。原来早晨小帆妈妈只在孩子耳边温柔地说了两句话：一句是'六点半了'，另一句是'早餐好了'。小帆母亲通过阅读与学习，转变了说话的语气和态度，用善意的提醒代替了催促和唠叨，让孩子感受到了被尊重。

"给小帆父亲的建议：读懂孩子，回家陪伴。三天后，小帆父亲趁回上海调货的空当又特地来到了学校，不住地感谢我为小帆母亲推荐了阅读文章，说他自己也看了，之后更理解孩子的想法了。我也将小帆厌学背后的用意分析给小帆父亲听，建议他一周应该抽出几个小时陪伴孩子，同时观察孩子言行背后的潜台词。周末回家后，小帆父亲便向儿子承诺每周至少回家两次。

"在本学期开展的'我心目中的好爸爸/好妈妈'活动中，小帆自信地举手推荐自己的父亲，自豪地说周末和父亲一起打球、出游以及父亲如何像朋友一样理解、开导自己。同时，小帆的父亲为了陪儿子每周驱车数百公里的事情也在班级的微信群中感染了许多家长，更多的家长意识到了陪伴、参与孩子成长的重要性，并主动加入家庭教育的学习。

"在父母的关爱和理解下，小帆逐渐找回了自信和快乐，有足够的力量去面对学习上的困难和压力。通过分析小帆的案例，我们不难发现，要纠正孩子学习、行为上的问题，往往可以从家庭教育这一根源入手，凭借智慧的方法来提升家长的育人素养，助推孩子的成长与发展。"

9.6 父母效能训练

家庭中父母如何有效地教养子女的一种策略训练。这是由美国家庭教育专家高顿提出的，目的是帮助父母与子女进行有效的沟通和解决亲子冲突，并保证双方心理都不受伤害。策略核心是：（1）父母应主动倾听孩子的话，并让孩子了解其真实的感受；（2）父母与子女共同参与解决冲突。解决步骤有六个：①认清并说明冲突；②找出可供选择的解决方法；③评价这些解决方法；④决定对双方都是最好的方法；⑤实施此方法；⑥评价此方法的结果。父母效能训练曾在美国形成热潮。

在亲子沟通发生矛盾和冲突的时候，传统的解决方法不是"我赢你输"，就是"你赢我输"。有些家长会极力捍卫并以具有说服力的方式证明他们对孩子所拥有的权威和权利，他们认为应当约束孩子的行为，给孩子设定限制，要求孩子做出特定的行为，对孩子进行指挥并要求孩子服从；他们利用惩罚的威胁来迫使孩子听话，在孩子不听话时给予惩罚。当家长与孩子的需求发生冲突时，这些家长总是以自己获胜而孩子失败的方式解决问题。另一些家长在大部分时间里给孩子大量的自由，他们有意避免设定限制，并骄傲地承认他们不能容忍专制的育儿方法。当家长与孩子的需求发生冲突时，总是以孩子获得胜利而家长失败告终，因为这些家长认为阻扰孩子的需求得到满足是对他们有害的。

父母效能训练属于第三种，其目的是用"双赢"的方式解决亲子冲突。

■ 案例

简书网 2018 年 10 月 26 日登载了一篇题为《"没有输家"的第三法，可以帮助我们更好地解决亲子冲突》的文章，该文提到了这样一个案例：咪咪要去上学了，可是外面正在下雨，妈妈不放心她就这样去上学，于是就交代说："宝贝，你把雨衣穿上再出门吧！"可是咪咪已经长大了，她不愿意穿妈妈为她准备的那件卡通雨衣。于是母女俩经过沟通和交流，最后达成一致意见：咪咪顺从妈妈的意思，穿着雨衣去上学，只不过穿的是她更喜欢的妈妈的旧雨衣。显然，妈妈和咪咪找到了一种让她们双方都满意的方案，解决了母女之间的矛盾。母女双方都后退了一步，矛盾和冲突快速而圆满地解决了。妈妈只希望她穿雨衣，不会受到雨淋就可以了，不需要再浪费时间，去苦口婆心地说教或者命令孩子，下雨天出门必须要穿雨衣！因为咪咪已经同意要穿雨衣，只不过她不想穿自己的，而是想穿妈妈的，她是想穿一件好看的雨衣，她实在不想穿妈妈为她准备的雨衣。这样一来，不管是妈妈还是女儿，都达到了自己的目的，问题圆满地解决了，并且双方都感觉到了温暖之情。

父母效能训练强调当父母和孩子双方发生冲突的时候，大家都要坐下来沟通和交流，多寻找一些方法，罗列出解决问题的各种方案，最终选出一个能够让双方都接受的解决方案，继而将问题圆满地解决。

9.7 生育观

人们对人类生育问题以及自己或他人生育行为和意义的总的观点。它影响个人生育行为和生育率的高低，受到社会经济、政治、法律、文化、教育、宗教、道德、社会舆论、风俗习惯等因素的影响。封建社会崇尚传宗接代、重男轻女、多子多福等生育观，至今有一定影响。正确、科学的生育观应该是计划生育、男女平等、优生优育。

9.7.1 优生

运用遗传原理和一系列措施，消除人群中的遗传疾病及其他有害因素，让体能和智能优秀的个体繁衍后代，生育健康聪颖的孩子。"优生"一词于1883年由英国科学家、优生学创始人高尔顿首次提出，意为"健康的遗传"。优生是从遗传的角度保障人口质量。它对民族人口素质的提高具有重大的现实意义和深远的历史意义。世界各国都非常重视优生。我国保障优生的措施有：（1）法律制度，我国《婚姻法》规定有下列情形之一者禁止结婚：①直系血亲和三代以内的旁系血亲；②患麻风病未经治愈或其他医学上认为不应当结婚的疾病。（2）遗传咨询，即给予人们结婚与生育方面的遗传学指导。（3）产前诊断，即从遗传学角度对孕妇的生育进行指导。

　　以上是从国家的角度重视优生，从个人的角度，应该注意以下五项：（1）优选配偶。在可能的条件下，应该选择血型匹配、性格协调、知识相当、年龄合适的配偶。为了减少遗传病的发生，应自觉遵守国家的法律制度，特别注意避免与直系血亲或三代以内的旁系血亲结婚。（2）婚前检查。婚前检查使男女双方有一个互相了解健康状况的机会，了解患过什么病、有无遗传病史等，避免将遗传病传给后代。同时，被检查者可以接受性知识教育和避孕方法指导，做好婚后的生育安排等。（3）孕前检查。如果准奶妈有过流产史，或者曾经有过死胎、死产等病史，那么最好进行孕前检查。如果准奶爸奶妈的工作过程中要接触到放射性物质或者比较有害的环境，那么最好进行孕前检查。（4）孕前准备。在计划怀孕的前一段时间，准奶爸奶妈要经常保持一定的运动量，工作要劳逸结合。生活中要多见阳光，多呼吸新鲜空气，多吃瘦肉和蔬菜，准奶爸做到戒烟、戒酒及其他不良生活嗜好。（5）产前检查。通过产前检查，医务人员可以掌握孕妇的妊娠情况，并为孕妇提供保健和优生咨询。产检可以监测胎儿的情况，避免难产或使畸形儿、痴呆儿及有严重的先天性缺陷的婴儿出生。

9.7.2　优育

　　家长运用各种优化措施和方法来养育出生的孩子。目的在于培养健康的个体，提高全民族的人口素质。优育是我国计划生育工作的重要组成部分。优育的措施包括：（1）注意孕妇的孕期保健；（2）对胎儿实施胎教；（3）对有遗传缺陷的婴儿进行积极的治疗，帮助其适应环境；（4）重视婴儿教养，尤其是身体的养育，生活、行为习惯的训练。近年来，人类发展生态学理论的发展，要求人们在优育中要特别重视良好的教养环境对人的发展的促进作用。

其中重视婴儿教养需要注意五点——

(1)要精心抚育,保证营养,促进婴儿身心健康。婴儿时期的生长发育极快,要消耗大量的营养物质。这时,如果营养跟不上,不仅会影响到婴儿的生长发育,而且会影响其智力的发展。

💬 知识专栏

　　研究材料认为,如果在儿童发育期间缺乏蛋白质,会对其智力发展造成灾难性的影响,甚至还会把这种缺陷遗传给其后代。所以父母首先要让婴儿吃饱、吃好,保证其身心健康地发展。

(2)要严格规定并执行适合于婴儿的生活制度,使他们从小养成良好的生活习惯。父母要按时给孩子喂奶,保证孩子的营养需要。吃饱以后让孩子玩一会儿就睡觉。两三个月以后,一般的孩子都不大哭闹了。如果在没有到吃奶的时间哭,醒来时情绪不好,或是在睡觉中惊醒,大多是由于没有严格执行生活制度造成的。

(3)积极促进婴儿视觉、听觉和动作的发展。从婴儿出生的第一个月起,就可以在他的小床上方挂一些彩色的玩具,摇动时能够发出声音。第二个月的婴儿,可以锻炼他的俯卧和扶着婴儿的腋下练习一起一蹲的动作。六七个月或九十个月的婴儿应该开始爬行或是扶着东西迈步了。如果婴儿还不会做这些动作,父母就应该让婴儿在干净的地板上爬来爬去,在离婴儿不远的地方放些颜色鲜明的、能够发出响声的玩具,吸引婴儿爬过去或走过去,促进其动作的发展。近年来,有些托儿所开始推广婴儿体操。婴儿体操分为被动操与主动操两种。被动操适用于六个月以内的婴儿。由保教人员手扶着婴儿的肢体,有节奏地活动各个关节。主动操适用于六个月至一周岁的婴儿。在保教人员的辅助下,使婴儿主动做一些简单的体操动作,达到锻炼身体、促进动作发展的目的。推广婴儿体操还可以增进婴儿和成人的接触,使孩子身心愉快,有利于语言的发展。

(4)积极促进婴儿语言的发展。从婴儿出生开始，父母就要注意跟孩子说话，这是为他的语言发展作准备。四个月开始，就可以教婴儿发音，使他的发音器官逐渐得到锻炼。父母应多与婴儿说话，因为婴儿必须从成人那里学习语言。为了发展婴儿的语言，父母给婴儿洗脸、喂奶时都可以说出和这些动作有关的名称，替婴儿穿衣服时就可以叫他伸出手来，给他穿裤子时叫他伸出脚来，这些词和一定的动作联系起来，就可以使婴儿了解这个词的意思了。在父母的正确教育下，一岁的婴儿就能按照成人的问话，指出身体的各个部分。同样，父母给婴儿玩具时，应该告诉他这是"娃娃"，那是"小车"。教婴儿说话，要从教会婴儿认识日常所接触到的东西开始。婴儿是通过模仿成人的语言学习说话的，因此，父母在对婴儿讲话的时候，要注意语法和语音的正确性。

(5)注意培养婴儿的良好情绪。由于婴儿的机体和神经系统、特别是大脑的机能一天一天增强，每天醒着的时间逐渐增加，睡眠的时间渐渐减少。一周岁时，每天醒着的时间可以达到7—8个小时。婴儿积极活动的时间增多，父母和保教人员要创设条件，经常引起婴儿天真快乐的反应，同时要避免不合理的逗引和戏弄，既不要使婴儿过度兴奋，也不要使他经常处于抑制状态，尽量使婴儿常常处于舒适愉快的情绪状态之中。

9.7.3　胎教

利用一定的方法对胎儿进行教育。胎教有狭义和广义之分，狭义的是指对胎儿施行超早期教育，广义的还包括孕妇的心理卫生、胎内环境乃至衣食住行，即避免一切不良刺激对胎儿的影响，并创造一切条件使胎儿健康成长。它建立在生理学、医学、卫生学、心理学、教育学等多学科基础上。胎教的价值及其理论与实践在国内外史书上均有记载。目前研究者们提出了音乐胎教法、语言胎教法、情绪胎教法、行为胎教法、环境胎教法等多种胎教方法，但无论何种方法都须遵循自觉性、及时性、科学性、个别性等基本胎教原则，否则就会事倍功半，甚至有反作用。

📄 **案例**

　　搜狐网"母婴"专栏 2013 年 6 月 28 日登载了一篇题为《让孩子变成天才的斯瑟蒂克胎教法》的文章，该文提到美国有一对普通的夫妇生下的孩子竟然都是智商高达 160 以上的天才，他们所采用的胎教方法很快成为人们的热议话题。根据这对夫妇的名字，此胎教法被称为斯瑟蒂克胎教法，其主要内容是对胎儿说话并通过卡片教授他们文字与数字。斯瑟蒂克胎教法的中心思想是：只要以父母对孩子的爱为基础制订完全的怀孕计划，并积极地将其付诸实践，无论是谁都可以生下聪明伶俐的小孩。

　　身为机械工人的父亲和平凡的母亲所生下的 4 个女儿智商都如此之高，这一事件几乎震惊了整个美国。它意味着有某一因素能够超越遗传，对人类的智商起到决定性的作用。这对夫妇看重的东西就是宫内教育。"孩子在出生前就开始学习了"，虽然每个人都知道这句话，但是究竟应该怎样对胎儿进行教育却是一个不折不扣的难题。对于这一点，斯瑟蒂克夫人的心中却有着明确的答案。斯瑟蒂克夫妇一直坚信"每一个胎儿都是天才"，正是在这种观念的驱使下，他们从怀孕开始的时候起就坚持对胎儿说话，还利用卡片教授胎儿文字和数字。除此以外，他们的胎教方法还包括听音乐和浏览图书，以及将准爸爸和准妈妈的生活趣事用非常自然的语调说给胎儿听。

　　斯瑟蒂克夫人心里十分清楚，不顺应自然而去人为地制造天才是一种徒劳的行为。孩子可以清楚地察觉到父母的声音和情感，也可以分辨出话语的意图。所以这对夫妇告诫人们：准父母的心中不能有一丝急功近利的思想，而应该怀着即将与胎儿相见的喜悦心情进行胎教。在她的胎教法中有一个不可缺少的要素，这就是所谓的"子宫对话"。子宫对话并不是什么需要高超技术的胎教法，在对话的过程中，应该把自己在日常生活中所遇到的事情非常详细地说给胎儿听，争取用语言把自己所接受的五感刺激全部表达出来。斯瑟蒂克夫人每次怀孕时都会不停地和自己的孩子对话，这些对话的直接目的并不是让孩子进行某种学习，而是要表达自己对孩子的爱。斯瑟蒂克夫人在孕期阅读有图画的书籍。她牢记着要给胎儿朗读印有美丽图画的童话书，插图的线条和色彩鲜明、文字内容丰富的童话书可以把梦想、希望和友情的概念传递给胎儿，使子宫对话的内容范围变得宽广起来。

除了胎教方法得当这个重要的原因之外，另一个不能不提的根本原因就是伟大的母爱。从斯瑟蒂克胎教法中极为朴实的胎教内容就可以看出，要想和这对夫妇一样持有坚定的信念和积极的行动并不是一件容易的事，斯瑟蒂克夫妇的成功告诉我们，应该让自己内心对胎儿的爱变为胎教的根源和基础，而不是某一种简单的期望或者目标，只有做到这一点，胎教这棵树才能结出最饱满的果实。

9.8　保姆

家庭中聘请的用以抚养、照管子女，兼做家务的妇女。保姆除负责孩子的生活方面的事务外，也负有教育子女的责任。保姆对孩子身心健康成长有重要影响。因此，家长在聘请保姆时应尽量注意其身心各方面的素质。

📖 案例

简书网 2017 年 5 月 11 日登载了一篇题为《从保姆案例到自我反思》的文章，该文提到了韦姐的故事。韦姐是一位优秀的保姆，她做事麻利，聪明伶俐，深得雇主喜爱。她的顾客大多都是熟人介绍，她所服务的家庭，有厅级干部，还有医院教授，企业家等，而且常常是几家雇主争着雇佣她。

韦姐的心态好，整天乐呵呵，又喜欢学习。她虽然初中都没毕业，但为了能更好地在城市立足，她什么都学，她说一定要让自己的孩子和城市里的小孩一样，不能让他吃没文化的亏。所以每天她只在外服务 6 小时，留 3 个小时来陪伴自己的孩子，同时还自学文化课来辅导孩子学习。

韦姐孩子幼升小的时候，因为她的户口在老家，外来务工子弟进公立学校有一定难度，不过有能力的雇主帮她解决了这个大难题，并且不求回报，只让她好好做事就行。在韦姐的母亲来城市医院做手术的时候，也是医院的雇主帮助联系专家操刀。韦姐觉得自己很辛运，一直都很感激这些雇主对她的照顾。

家政行业的从业人员鱼龙混杂，一个好的家政人员千金难求。那些待人和善、懂得感恩、扎实工作、用脑子做事并能够不断学习的人总是能够脱颖而出，自身的价值就会自动提升，贵人也会随之而来。

9.9 家庭教师

由家庭聘请的单独辅导子女的教育者。目前一般由在校大学生、教师和其他教育工作者担任。其特点是有针对性地进行个别教育。幼儿家庭教师的辅导大多是针对幼儿的某一专门领域而进行，采用讲授与练习相结合的方法。也有的是因为家长工作繁忙，聘请家庭教师教育兼保育子女的，采用学习、生活和游戏相结合的方法。家庭教师教育得法，有助于孩子充分发展。但有时也受家长意志的控制，出现附和家长而不注意孩子的特点的现象。家长在聘请家庭教师时应注意：(1)不能把子女教育全部推给家庭教师，要与其共同商量如何教育好孩子；(2)加强亲子交往。

在古代，为子女聘请家庭教师，是达官贵人和其他有钱人家的"专利"，平民百姓家的子弟可能连学校都不能进，更不用说花钱聘请家庭教师。今天，家庭教师进入了寻常百姓家，这说明了社会的进步和文化的发展，也表明改革开放以来，人们生活水平普遍大幅度地得到了提高。家庭教师以一对一的形式对孩子有针对性地进行教学，能够因材施教，能及时掌握孩子对知识的理解情况和孩子对教师教学情况的意见反馈，往往可以起到较好的教育效果。

家庭教师的"资源"比较丰富，有在校大学生、在职教师、退休教师等，家长该如何选择呢？大学生的年龄与中、小学生更接近，语言无隔阂，知识结构比较新，在授课过程中容易与孩子沟通；大学生除自身课业以外，基本无家庭负担；现阶段的大学生综合知识、综合能力及反应敏捷度均优于传统教育模式培养出来的老师；大学生的劳务报酬也比在校教师要低。但大学生教育方法少，教学能力比较差，也缺乏实践经验。相比之下，专职教师教龄长，熟悉教学过程和教材中的重点、难点，教学经验丰富，考点把握准确；在教学上，专职教师会严格掌握时间教授内容，对于孩子们在学习中容易出现的毛病也了如指掌，辅导孩子时可以做到有系统性、针对性；专职教师的师道尊严也会使顽皮的学生有所收敛。但是在职教师日常工作太多，收费也较高。家长在聘请家庭教师的时候，要综合考虑上述因素，再根据自家孩子的特点，去做出合理的选择。

家长一旦做出了自己的选择，把自己的孩子交给家庭老师进行培养教育，就要信任、尊重、支持老师，放手让老师去大胆管教，严格要求。要维护老师的威信，不能任意干预老师的教育管理，不能拆老师的"台"，对老师不要过分挑剔。

📖 案例

360个人图书馆网 2017 年 4 月 21 日登载了一篇题为《郑板桥的家书与家教》的文章，郑板桥在给其舍弟的家书中曾这样说："夫择师为难，敬师为要，择师不得不审，既择定矣，便当尊之敬之，何得复寻其短？……其所延师，不过一方之秀，未必海内名流。或暗笑其非，或明指其误，为师者既不自安，而教法不能尽心；子弟复持藐忽心而不力于学，此处最是受病，不如就师之所长，且训子弟之不逮。"

郑板桥主张选择家庭教师时，要慎重挑选；一旦选定，就要尊敬。不能随便耻笑教师的短处，也不要总是挑毛病。要是那样的话，教师不能安心教书,孩子也不会好好向老师学习。不如注意发挥教师的长处,以弥补子弟的短处。郑板桥对家庭教师的态度,是很值得今天家长们效法的。

📝 思考与讨论:

1. 亲职教育的内涵、目的和内容分别是什么?

2. 家长威信有哪些特点?其主要表现形式有哪些?

3. 不合理的家长期望类型有哪些?

4. 隔代教育有哪些具体表现?隔代教育是利大于弊还是弊大于利?

5. 父母效能训练的内涵和策略核心分别是什么?

参 考 文 献

学术专著

[1]菅波. 胎教，影响孩子未来的神奇手册[M]. 北京：中国人口出版社，2009.

[2]王浩. 家庭教育现代化发展战略[M]. 北京：中国商业出版社，2010.

[3]王涛. 规矩和爱[M]. 北京：北京理工大学出版社，2012.

[4]习近平. 习近平关于注重家庭家教家风建设论述摘编[M]. 北京：中央文献出版社，2021.

[5]叶圣陶. 叶圣陶教育名篇[M]. 北京：教育科学出版社，2007.

[6]王忠民. 幼儿教育辞典[M]. 北京：中国大百科全书出版社，2004.

[7]尹建莉. 好妈妈胜过好老师[M]. 北京：作家出版社，2009.

[8]张其凤. 清代诸城刘氏家族文化研究[M]. 北京：中华书局，2013.

[9]郑小兰. 改变一生的60个心理学效应[M]. 北京：中国青年出版社，2009.

[10]荣鑫、刘志洪编著.《家庭、私有制和国家的起源》研读[M]. 北京：外语教学与研究出版社，2021.

[11][法]安·比尔基埃. 家庭史[M]. 袁树仁，译. 上海：生活·读书·新知三联书店，1998.

[12][法]雅克·卢梭. 爱弥儿[M]. 檀传宝, 傅淳华, 陈国清, 译. 北京：中国轻工业出版社, 2016.

[13]（南北朝）颜之推. 颜氏家训译注[M]. 庄辉明, 章义和, 译注. 上海：上海古籍出版社, 2012.

[14]（宋）司马光. 家范[M]. 修远, 主编. 呼和浩特：内蒙古人民出版社, 1998.

[15]（唐）李延寿. 南史[M]. 周国林, 校点. 长沙：岳麓书社, 1998.

期刊论文

[1]安扬. 过度保护是害不是爱[J]. 家长, 2021(3).

[2]本刊编辑部. 以身作则, 引导孩子的向善之路[J]. 家长, 2020(10).

[3]操美林. 重组家庭中儿童心理问题的表现及教育对策——基于家庭教育的视角[J]. 中国多媒体与网络教学学报（上旬刊）, 2019(1).

[4]陈伙平. "自然后果法"探微[J]. 学前教育研究, 1997(8).

[5]陈建新. 《颜氏家训》家庭教育思想的现代意蕴[J]. 信阳师范学院学报（哲学社会科学版）, 2020(11).

[6]陈俊希. 浅谈溺爱型家庭教养对幼儿问题行为的影响和策略[J]. 当代家庭教育, 2019(9).

[7]陈可歆. 中国古代胎教的源流特点和现代启示[J]. 文教资料, 2020(7).

[8]陈延仙. 以身作则, 家庭教育的捷径[J]. 家长, 2020(5).

[9]陈志君. 超常儿童家庭教育中几个值得注意的问题[J]. 现代特殊教育, 2001(10).

[10]程家福. 生活教育理论视阈下的劳动教育——解读《在劳力上劳心》[J]. 生活教育, 2021(1).

[11]程应峰. 不溺爱, 孩子方能独立成人[J]. 家长, 2020(11).

[12]惊玉. 别让爱心埋下迁怒的种子[J]. 农家女, 2010(7).

［13］戴燕妮，周育俭. 家庭教育课程化实施的调查与评价研判［J］. 江苏教育，2020（10）.

［14］杜世军，莫扬. 马卡连柯家庭教育思想及其启示［J］. 淮北职业技术学院学报，2014（6）.

［15］冯明，俞晓东. 发达地区家长的真实教育期望——以杭州市"家长心中的美好教育"调研为例［J］. 上海教育科研，2020（12）.

［16］傅晓棣. 带孙子辈要避免包办代替［J］. 中国老年，2020（2）.

［17］何奕艳. 论颜之推早期儿童教育思想对当今家庭教育的启示［J］. 智力，2020（6）.

［18］洪兰. 教养的艺术［J］. 华南师范大学学报（社会科学版），2016（10）.

［19］扈颖丽，刘彦华. 陈鹤琴家庭教育思想及其借鉴［J］. 教育观察，2019（10）.

［20］蒋丹. 关于儿童隔代教育的问题及解决策略的思考［J］. 当代家庭教育，2021（9）.

［21］焦青. 行为改变技术在家庭教育中的应用［J］. 心理发展与教育，1996（12）.

［22］金涛. 徐霞客和他的母亲［J］. 父母必读，1989（11）.

［23］阚斌斌，周兴国. 家长参与和儿童入学准备的关系［J］. 少年儿童研究，2021（11）.

［24］李丹. 福利三角理论视角下农村家长教育期望影响因素研究——基于中国教育追踪调查数据（CEPS）2013—2014年数据的分析［J］. 当代教育论坛，2021（3）.

［25］李飞. 从危机到转机：对家庭教育现代化的再思考［J］. 现代教育科学，2021（5）.

［26］李杰. 莫让孩子缺乏亲情陪伴——一个缺爱孩子的家庭教育案例［J］. 幸福家庭，2020（9）.

［27］李洁. 家庭对子女非智力因素教育初探［J］. 中共太原市委党校学

报，2020(6).

[28]李青茹.家长的修养及文化素质对子女的影响[J].中国教育技术装备，2010(7).

[29]李善成.迁怒，无益于教子[J].家长，2004(5).

[30]李文英.小心别误用了"自然后果法"！[J].父母必读，2018(4).

[31]李秀莲.欧美家庭教育方法对培养儿童独立自主习惯的启示[J].科学咨询(教育科研)，2019(3).

[32]李奕.撷谈如何合理安排幼儿假期生活[J].安徽教育科研，2020(6).

[33]刘娜.恶魔孙小果背后的女人：告诉你溺爱有多残忍[J].恋爱婚姻家庭(上半月)，2021(2).

[34]刘如意.家庭美育之路径探究[J].黑河学刊，2021(3).

[35]刘志昂.如何做一个有威信的家长[J].好家长，2019(11).

[36]路丹，李彦熙.父母效能训练在家庭亲子关系中的应用[J].当代家庭教育，2021(1).

[37]马建红.亲情教育策略分析[J].教育艺术，2021(2).

[38]马铭悦，杨琳."住家教师"火了，年薪超20万，是"老师"还是"变相保姆"？[J].中国经济周刊，2021(11).

[39]牛韫韬."隔辈亲"中的爱与原则[J].父母必读，2021(11).

[40]庞爱红.农村特殊家庭心理环境对儿童成长的影响及对策研究[J].中华少年，2020(1).

[41]钱志亮.中国式溺爱，越爱越心寒[J].中华家教，2020(3).

[42]任慧娟.创设良好的家庭环境，让孩子健康成长[J].幼儿教育，2019(3).

[43]史钰，唐银灿.祖辈育儿如何走出"溺爱"与"粗暴"的困境[J].中华家教，2020(4).

[44]舒翠青.如何做到传统文化与现代家庭教育的完美结合[J].家

长，2021(3).

[45]苏青.家庭教师面面观[J].语数外学习(高中版中旬)，2020
(8).

[46]苏雅均.幼儿家长如何树立威信[J].当代家庭教育，2020(1).

[47]孙敏，刘玉莲.不容忽视家庭教育一致性原则[J].早期教育，
1988(11).

[48]孙云晓.培养孩子的责任感是家庭教育的核心任务[J].教育家，
2020(3).

[49]谭欣歌，向诗雨，高健.父母过度保护及其对幼儿行为抑制的预
测作用[J].教育导刊(下半月)，2020(6).

[50]唐淑芬.关心、支持、办好特殊教育——回顾在党的领导下我国
特殊教育事业的发展[J].中国特殊教育，2021(8).

[51]田玉瑛.家庭教育中的"自然惩罚法"和"扇贝效应"[J].早期教
育(家教版)，2017(6).

[52]仝红霞.心理暗示法帮女儿战胜粗心习惯[J].家庭科技，2019
(10).

[53]佟天怡.从"家政教育"角度看扫地、擦桌子的意义[J].幼儿教
育，2021(4).

[54]童雪红，方琦.迈向整合服务：西方社会工作介入儿童保护的实
践经验及其反思[J].华东理工大学学报(社会科学版)，2021(7).

[55]屠新时.尊重子女的人格[J].父母必读，1983(9).

[56]王爱世，刘英厚.正确运用矫正性教育方法[J].现代家教，1999
(7).

[57]王飙.家长的修养是家教的灵魂[J].家教指南，2003(9).

[58]王华叶.假期生活，路在何方[J].初中生辅导，2018(7).

[59]王辉洪.早期教育中家长随机教育的问题及其对策[J].家庭科
技，2021(8).

[60]王丽，陈莉.社会生态系统视角下我国发展亲职教育的阻碍因素

分析[J]. 教育科学论坛，2021(11).

[61]王利. 浅析教育者如何指导婴幼儿收看儿童电视广告[J]. 大众文艺，2011(8).

[62]韦宁. 娇纵与溺爱，家庭教育最大的危险[J]. 家长，2020(11).

[63]席春媛，王玲艳. 母亲抑郁焦虑压力对其身体虐待幼儿风险的影响——亲子冲突的中介作用与社会支持的调节作用[J]. 学前教育研究，2021(10).

[64]夏勇，赵英淑. 开展父母效能训练，改善家庭亲子关系[J]. 中小学心理健康教育，2018(3).

[65]肖婕婷. 父母控制对初中生问题行为的影响[J]. 中小学心理健康教育，2016(11).

[66]谢春林. 人生很长，何必慌张[J]. 家教世界，2020(9).

[67]谢忠强，贾浩楠. 梁启超家庭教育观论析[J]. 中国成人教育，2020(11).

[68]邢雅娟. 自理能力与孩子学习密不可分[J]. 家长，2020(5).

[69]胥兴春，刘雅丽. 家庭体罚立法：儿童权利保护的应有之义[J]. 陕西学前师范学院学报，2021(11).

[70]徐夏明. 家长期望水平对初中生考试焦虑的影响[J]. 当代家庭教育，2020(12).

[71]徐阳晨. 父母如何叩开孩子的心扉[J]. 现代妇女，2021(8).

[72]雅方. 家庭教育坚持五个原则[J]. 少儿科技，2006(11).

[73]杨红秀. 留守儿童安全教育现状及对策[J]. 广西教育，2021(2).

[74]杨静. 说说弱智儿童的家庭教育[J]. 中华家教，2005(4).

[75]杨敏杰. 幼儿独立能力的培养不能包办代替[J]. 教育，2018(9).

[76]姚明月，林移刚. 与原生家庭和解：叙事疗法在儿童家庭暴力治疗小组中的应用[J]. 山东女子学院学报，2021(8).

[77]姚文连. 在探索家庭心理健康教育的道路上邂逅幸福——《中小学心理健康教育》伴我成长[J]. 中小学心理健康教育，2021(9).

[78]云晓.让孩子体验自然惩罚——自然后果法[J].家长,2017(6).

[79]张郭霞.孕前优生健康检查对新生儿出生缺陷的预防效果观察[J].中国社区医师,2021(11).

[80]张丽心.浅谈如何为孩子创设良好的家庭教育环境[J].家长,2020(9).

[81]张亚凌.学会不迁怒[J].少年儿童研究,2007(10).

[82]张怡欣.幼儿入园分离焦虑的影响因素和缓解对策探析[J].基础教育参考,2021(9).

[83]张之梁,郑延妮.小学生安全教育的优化策略[J].基础教育研究,2021(9).

[84]章丽莉.浅谈幼儿园教学活动中随机教育的研究[J].当代家庭教育,2021(10).

[85]郑毅.家庭教育惩罚不可弃[J].大众心理学,2007(6).

[86]周静.爱要怎么说出口——家长沙龙之亲子沟通的困境与策略[J].中小学心理健康教育,2021(11).

[87]朱洪峰,梁宏安.关于提高优生优育服务水平的几点思考[J].人口与健康,2021(11).

[88]朱龙凤,张献英.幼儿家庭教养方式、同伴接纳与共情的相关研究[J].阜阳职业技术学院学报,2017(12).

[89]朱先云.不要用溺爱给孩子"挖坑"[J].江苏教育,2021(8).

[90]朱永新.家庭教育的底线在哪里[J].婚姻与家庭(家庭教育版),2021(8).

学位论文

[1]褚爱萍.父母过度保护对中小学生偏差行为的影响[D].贵阳:贵州师范大学,2020.

[2]刘红琴.家庭文化价值观对影子教育投资的影响研究[D].上海:上海师范大学,2021.

［3］瞿巧玲. 父母坚韧人格、教养效能感对幼儿行为问题的影响研究［D］. 南充：西华师范大学，2019.

［4］徐国玲. 父母教养方式与幼儿自信心的关系研究［D］. 信阳：信阳师范学院，2020.

［5］张承菊. 家庭教养方式对中班幼儿创造性思维水平的影响研究［D］. 昆明：云南师范大学，2021.

［6］张艺. 美国推行父亲参与儿童教养的进展及启示［D］. 曲阜：曲阜师范大学，2020.

［7］赵逸媛. 基于家庭心理环境视角的幼儿家长陪伴行为研究［D］. 武汉：华中师范大学，2021.

报纸文章

［1］李浩英. 家庭教育迎来"依法育儿"时代［N］. 人民政协报，2021-10-27.

［2］李振南. 恐吓式教育当休矣！［N］. 内蒙古日报(汉)，2017-09-06.

［3］赵强. 反家暴"法入家门"［N］. 深圳特区报，2021-11-26.

［4］潘巧. 家庭教育不"合格"失职父母需"补课"［N］. 民主与法制时报，2021-11-19.

［5］施文龙. 如何健全家庭教育指导服务体系［N］. 中国教师报，2021-12-01.

［6］涂永前. 家政教育及家庭劳动教育应得到重视［N］. 社会科学报，2021-10-15.

［7］汪嘉波. 审美意识离不开家庭教育［N］. 光明日报，2017-08-16.

［8］佚名. 天才的北大林氏三兄弟［N］. 中国图书商报，2003-03-14.

电子文献

［1］格塞尔的成熟势力理论［EB/OL］. https://www.docin.com/p-1502725754.html，2016-03-24.

［2］家庭教育成功案例："神童"卡尔·威特［EB/OL］. http://zhongkao.xdf.cn/201303/9352790.html,2013-04-11.

［3］两大家族的差异［EB/OL］. http://www.360doc.com/content/19/0627/22/13916116_845270873.shtml,2019-06-27.

［4］刘梦，叶梅. 从统合到分层：罪错未成年人强制亲职教育之分级实施［J/OL］. 预防青少年犯罪研究，http://kns.cnki.net/kcms/detail/10.1048.D.20211116.1118.020.html,2021-11-17.